peter paul fischer   Rabbi Jehoschua

Rabbi Jehoschua

Notizen zur Ideengeschichte eines Propheten

libri

Maichingen 2ooo

Alle Rechte liegen beim Autor

Umschlagentwurf vom Autor

Herstellung Libri Books on Demand/Hamburg

ISBN 3-8311-o799-8

für Alice

Grundsatz

» Es gibt im Grunde

nur zwei Arten des Umgangs mit der Bibel:

Man kann sie wörtlich nehmen. —

oder man nimmt sie ernst. «

Pinchas Lapide (1986)
jüdischer Neutestamentler

INHALT

Notizen zur Ideengeschichte eines Propheten

Einführung: Widersprüche im Neuen Testament (NT)

Jehoschua bän-Joßef : Biographisches

Rabbi Jehoschua: *Botschaften*

Anhang

Jehoschua und die Schoa

Tiefer als der Abgrund der Zeit, des Raumes, der Religionen, Kulturen und Sprachen trennt uns von Jehoschua die Schoa, die Katastrophe, der Völkermord an über sechs Millionen Juden, die Haßorgie von Adolf Hitler und seinen ›willigen Vollstreckern‹. Die Saat der Gewalt, die schon im Neuen Testament, nicht nur im Johannes-Evangelium beginnt und über alle Kirchenväter und Martin Luther bis ins 21. Jahrhundert reicht, ist aufgegangen.

Das Kriegsende erlebte ich achtzehnjährig in Belsen und Bergen, in unmittelbarer Nachbarschaft des KZ-Belsen mit 60.000 Insassen. Nach Flucht der SS wurde ein Hauptmann des Heeres dorthin abkommandiert, dessen Bericht in die Hölle des SS-Staates, dh der Schoa blikken ließ. — Noch ist mir der Satz eines englischen Soldaten im Ohr: » *You are German, go to hell.* «

Einige ehemalige KZ-Insassen, die ihre Heimat verloren hatten, wohnten später im Dorf Bergen, waren aktiv im örtlichen Kulturkreis und mit meinen Eltern sehr befreundet. Politisch hatten meine Eltern keine Probleme. Meine Mutter war in der ANTIFA, mein Vater in der Paneuropa-Bewegung des Grafen Coudenhove-Kalergi (1894-1972) und überzeugter Philosemit. Ihnen bin ich das Buch in großer Dankbarkeit schuldig.

Die Schoa wird in dieser Weltzeit keine Vergebung finden. Die Erinnerung soll uns und allen Kommenden einschärfen, wie brüchig und fragwürdig unsere Überzeugungen und Wahrheiten sind, wenn sie nicht mit liebevoller Mitmenschlichkeit und Geschwisterlichkeit einhergehen.

Vorbemerkungen

Über den historischen Rabbi Jehoschua bän-Joßef, der im Altgriechischen ›Iäsus Nazoraios = Jehoschua der Nazoräer‹, im Neuhebräischen ›Jeschu ha-Nozri = Jehoschua der Christ‹ und im Neuhochdeutschen ›Jesus aus Nazaret‹ oder ›Jesus Christus = Jehoschua der Messias‹ heißt, berichtet das griechische Neue Testament Widersprüchliches: Jehoschua ist Josefs Sohn oder Sohn der Jungfrau Mirjam, Pazifist, Zelot oder Messias, Mensch, Übermensch, Engel, Halbgott oder Gott, wobei die Verfremdungen häufig besser belegt sind als der hypothetische geschichtliche Kern. Vereinfachend gesagt, steht einem pharisäisch-prophetischen Revolutionär religiösen Denkens im Lukas-Evangelium der judenfeindliche Logos als göttliches Weltprinzip im Johannes-Evangelium gegenüber.

Für orthodoxe Juden ist Jehoschua bän-Joßef ein Abtrünniger (Apostat), für das christliche Dogma ›wahrer Mensch und wahrer Gott‹, für konservative Christen heute ›der Gott ihrer Gebete und die zweite Person der Trinität‹. Für liberale Juden und Christen ist Jehoschua ›ein Prophet und Reformer des Judentums, nicht aber der Stifter des Christentums‹.

Moshe Zimmermann (Jerusalem 1999) unterscheidet »mindestens drei Judentümer — orthodox, konservativ und liberal (Reform)... Das israelische Oberrabbinat handelt strikt nach den Regeln der Orthodoxie und lehnt die Mitarbeit von Reformrabbinern prinzipiell ab.«

Nicht anders als im 21. Jahrhundert verhielt es sich auch im 1. Jahrhundert. Die wenigen, aber einflußreichen orthodox-fundamentalistischen Sadduzäer von Jerusalem orientierten sich ausschließlich an der geschriebenen Tora, genauer ihrer traditionellen Auslegung. — Die machtlose Mehrheit der Tora-kritischen liberal-prophetisch-hillelitischen Reformer konnte sich nur in der Diaspora voll entfalten. Der Pharisäer Hillel I d. Ä. stammte aus Babylon, Jehoschua bän-Joßef aus dem Galil ha-Gojim (Galiläa), Schaul Paulus aus Tarsos, Salman Chen (✳1926) aus China und der Landesrabbiner der niedersächsischen Reformgemeinden Dr. theol. Walter Homolka (ursprünglich evangelischer Theologe) aus Deutschland.

Jehoschua gehört zum Bet Hillel, der pazifistischen Schule des Pharisäers Hillel. Er begründete den Bet Däräch, die Schule des Weges und führte die prophetisch-hillelitische Kritik am religiösen Formalismus zu Ende, wobei Chuzpe und Barmherzigkeit an die Stelle der Gerechtigkeit traten. — Die Jehudim Meschichiim, die messianischen Juden, auch Ävjonim, Ebioniten (Arme) genannt, sind die messianische Gerechtigkeitspartei seines Bruders Jaaqov bän-Joßef ha-Zaddiq, des Großpriesters (Jakobus der Gerechte / James the Just), fälschlich ›Judenchristen‹ genannt. — Die Gojim Meschichiim, Messiasheiden, dh Heidenchristen des Schaul Paulus sind die Keimzelle des Christentums. Schaul weiß allerdings von dem späteren hellenistischen Mythos der Jungfrauengeburt noch nichts. — Messiasjudentum und Messiasheidentum (Christentum) sind aber keine Themen dieses Buches.

Warum Jehoschua nicht Jehoschua heißen darf ?

Im Judentum: Jehoschua (= *Jachwä hilft*) ist der älteste hebräische Jachwä-haltige Name und damit allen Juden heilig. Obwohl kaum ein jüdischer Gelehrter bezweifelt, daß der historische Jehoschua bän-Joßef diesen Namen trug, hat es noch kein Jude übers Herz gebracht, dem Stifter des ungeliebten Christentums diesen Namen zu lassen. In der hebräischen Literatur heißt Jehoschua bän-Joßef ›Jeschu ha-Nozri‹, was mit ›Jehoschua, der Nazoräer, der aus Nazaret oder der Christ‹ übersetzbar ist. Das hebräische Nozer/Nozri ist der Wächter. Nozer ha-Brit/Nazoraja/Nazoräer war der ›Wächter des Bundes‹ von Qumran.

›Jeschu‹ ist eine vielfältige Botschaft: Jeschu ist die galiläisch-aramäische Kurzform des hebräischen Jehoschua und als familiärer Rufname einem Schriftgelehrten unangemessen. Jeschu gehört zum Galil ha-Gojim (Galiläa), dem Kreis der Heiden, dem Land der Zeloten und Außenseiter, der jüdischen Diaspora, auf das die Bewohner von Jehuda (Judäa), des jüdischen Kernlandes, abschätzig herabblicken. Die Buchstabenfolge ›*jeschu*‹ ist aber auch die abgekürzte hebräische Fluchformel: »*jimach schemo we-sichro = ausgelöscht werde sein Name und sein Andenken*«.
Etwas freundlicher ist die neuere hebräische Literatur, die für den Hebräer den jüdäisch-aramäischen Rufnamen ›Jeschua‹ verwendet. — Auch in der deutschsprachigen jüdischen Literatur behilft man sich mit Jeschua und/oder Jesus, so G. Dalman *Jesus-Jeschua* (1922) und D. Stern durchgehend ›Jeschua‹ in seinem *Jüdischen NT* (1994).

Im Christentum: Der historische Name Jehoschua bän-Joßef, Josefs Sohn, widerspricht der christlichen Theologie in mehreren Punkten. Der Name ›*Jachwä hilft*‹ tritt in Konkurrenz zum namenlosen Vatergott der Trinität. Die Zeugung des jüdischen Gottessohnes (Bän-Jachwä Ps 2·7) wird schon im AT als Adoption verstanden und setzt Mirjam und Josef voraus. Die Zeugung des abendländischen Gottessohnes ist nur aus der Jungfrau Mirjam denkbar. Ein Prophet Jehoschua als zweite Person der abendländischen Trinität macht wenig Sinn. — Der christliche Antijudaismus kann nur durchgehalten werden, wenn Jehoschua kein Jude ist. Das ist aber nur mit dem griechischen Namen ›Iäsus/Jesus‹ nachvollziehbar.

Die liberale Mehrheit jüdischer und christlicher Gelehrter ist sich einig, daß Jehoschua ein Jude war und das Christentum nicht gestiftet hat. Die orthodoxe Minderheit bestreitet beides. — Will ein Jude Jehoschua verfluchen, so muß er ihm zunächst seinen Jachwä-Namen aberkennen, sonst würde sich der Fluch gegen Jachwä selbst wenden. — Will ein Christ die Juden verfluchen, so muß er zunächst Jehoschua zu Jesus arisieren, dh ihm das Judentum aberkennen, sonst würde sich sein Fluch zuerst gegen den Juden Jehoschua wenden. — Der Gipfel der Perversität ist es dann, wenn das Johannes-Evangelium den Juden Jehoschua ›*die Juden*‹ verfluchen läßt (Joh 8·44).

13

Einführung: Widersprüche im Neuen Testament (NT)

Sieht man einmal vom koptischen Thomas-Evangelium ab, so ist das griechische Neue Testament (NT) unsere einzige Quelle für den historischen Jehoschua, der griechisch traditionell ›Iäsus‹ geschrieben wird. Die Botschaft von Jehoschua bän-Joßef, Josefs Sohn, ist jedoch nicht einheitlich, sondern voller Widersprüche.

Auch die heutigen Autoren sprechen offensichtlich über völlig verschiedene Personen, wenn sie von Jehoschua reden, über einen Juden und einen Christen, einen Gelehrten und einen Analphabeten, einen Pazifisten und einen Zeloten, einen Gesetzesstrengen und einen Gesetzeskritischen, einen Menschen und einen Gott...

Als Versuch, diese Widersprüche aufzulösen, gehe ich von einem Neben- und Ineinander mehrerer unvereinbarer Biographien aus.

Evangelien-Harmonie

Vom 3. bis zum 15. Jahrhundert galt der neutestamentliche Kanon, galten besonders die vier Evangelien (Mt, Mk, Lk, Joh) als in dieser Reihenfolge ›verbalinspiriert‹, dh als Wort für Wort von Gott oder dem Erzengel Gavriel dem Evangelisten diktiertes Gotteswort. Doch Martin Luther stellte schon in der ersten Hälfte des 16. Jahrhunderts den Kanon als Ganzes infrage, indem er den Jakobusbrief, als ›stroherne Epistel‹ und die Apokalypse ablehnte, weil sie nicht ›Christum treiben‹. Keinen Zweifel gab es jedoch daran, daß das ganze Neue Testament ein einheitliches Bild des Jehoschua zeichnet und scheinbare Unstimmigkeiten auf mangelhaftem menschlichem Verständnis der Bibelleser beruhen. Noch Andreas Osiander (1498-1552) vertrat in *Harmoniae evangelicae* (Basel 1537) die Meinung, daß mehrfach, aber mit Abweichungen erzählte Ereignisse des NT, auch mehrfach geschehen seien, was zum Beispiel bei der Auferweckung von Jairi Töchterlein und bei der Austreibung von Teufeln in Schweine der Fall war. Dazu gehört auch die Kreuzigung am 14. und 15. Nisan, die noch in den sechziger Jahren des 2o. Jahrhunderts amerikanische Fundamentalisten veranlaßte, zwei Kreuzigungen anzunehmen.

Daß das Johannes-Evangelium sich einer Zusammenschau (Synopse) am ehesten entzieht, erkannte schon Johann Calvin in *Commentarii in harmoniam* (1555), doch erst seit dem 18. Jahrhundert spricht man von den Synoptikern (Mk, Mt, Lk), im Gegensatz zu Johannes, und aus der vierspaltigen Evangelien-Harmonie ist die dreispaltige Evangelien-Synopse geworden, die Harmonie der drei Synoptiker.

Diese Zweiteilung in den synoptischen und den johan-
neisch-paulinischen Jehoschua verdanken wir im Grunde
dem Konzil von Chalkedon (451 nJ), das vom >wahren
Menschen und wahren Gott Jehoschua< spricht. Bei H.
S.Reimarus (1694-1768) ist es dann die historische
Botschaft des Jehoschua vom Erlöser Jachwä und die
Botschaft der Anhänger des Jehoschua vom Erlöser Jehoschua, deren gedankliche Vereinigung Reimarus nicht
mehr gelingt. — G.Magnani, der Religionswissenschaft-
ler der Gregoriana trennt 1997 gedanklich drei Ebenen:
Die Biographie des wandernden Rabbi aus Nazaret, der
Aramäisch, Hebräisch und ein wenig Griechisch konnte,
die Legende vom Kind in der Krippe und die Heilsge-
schichte von Kreuzigung und Auferstehung. — Drei Gelehrte: E.Renan (1863), J.Carmichael (1965) und R.
Mayer (1998) behaupten, vermutlich unabhängig voneinander, daß Jehoschua zuerst ein Pazifist war, der
Feindesliebe predigte und später ein Zelot, der Ver-
wandtenhaß forderte. Ein radikaler Sinneswandel bei
einem Rabbi der Schule Hillels, der sich noch dazu in der
kurzen Zeit öffentlichen Wirkens (1-3 Jahre) ereignet
haben soll und als solcher nirgends im NT erwähnt wird,
ist kaum nachvollziehbar.

Auch lassen sich Anthropologie und Theologie, Mythos
und Geschichte, Judentum und Judenfeindschaft unmöglich harmonisieren oder als Entwicklung darstellen. Wir
müssen uns für einen sich nicht selbst widersprechen-
den Jehoschua, eine in sich schlüssige Darstellung, ein
deutliches Bild, entscheiden.

Fünf Jehoschua-Biographien im Widerspruch

Jehoschua bän-Joßef, Josefs Sohn, der pharisäische Schüler des pazifistischen Bet Hillel, Lehrer (Rav, Anrede Rabbi), Prophet und Heiler, Stifter des Bet Däräch (Schule des Weges), verbietet Notwehr und fordert Feindesliebe: Jehoschua war ein Mensch, der schon die Anrede Rabbi, mein Großer (Mt 23.[8]) und guter Meister (Mt 19.[17]) zurückwies, weil nur Abba Jachwä groß und gut ist. Mit seiner prophetischen Tora- und Ritenkritik und seiner Zuwendung zu den religiösen Randgruppen und Außenseitern wird er zum Vorläufer des liberalen Reformjudentums des dritten Jahrtausends. — Der ›Pazifist‹ ist keine Erfindung des 2o. Jahrhunderts. *»Selig sind die Friedenstifter«* Mt 5.[9] heißt in der lateinischen Vulgata des 4. Jahrhunderts : *»beati pacifici«.* — Ausschließlich mit dem historischen pazifistischen Rabbi Jehoschua bän-Joßef beschäftigt sich der Hauptteil des Buches.

Jehoschua ha-Qanna, der Zelot, ist nur unhistorisch als pharisäischer Schüler des zelotisch-messianischen Bet Schammaj darstellbar. Er fordert Haß gegen Verwandte und stürzt die Tische der friedlichen Wechsler im Tempelvorhof um. Diese, von allen vier Evangelisten berichtete Episode hätte zur sofortigen Verhaftung durch die Tempelpolizei geführt und wurde schon von Origenes (-254 nJ) und neuerdings von J. Becker, 1996 für unhistorisch gehalten. Im Gegensatz zum Pazifisten ist der Zelot der Tora und den Riten gegenüber sadduzäisch konservativ, wenn auch für die heutige sadduzäische Orthodoxie nicht konservativ genug.

Jehoschua ha-Maschiach

Der Gesalbte (des Jachwä), hebräisch ha-Maschiach, aramäisch Meschicha, gräzisiert Messias, griechisch Christos, lateinisch Christus, ist wie Bän-Jachwä, der Adoptivsohn des Jachwä, ein jüdischer Ehrentitel. Gesalbte waren jüdische Könige wie Dawid, aber auch der Perserkönig Kyros II (Jes 45·¹), Patriarchen, Propheten und Großpriester. — Erst um die Zeitwende verstand man unter dem Gesalbten fast ausschließlich den oder die Retter der Endzeit, den königlichen, prophetischen und/oder großpriesterlichen Messias im heutigen Sprachgebrauch. Dieser endzeitliche Messias heißt auch Dawids Sohn, Menschensohn (Bän Adam) und Logos wie im Johannes-Evangelium. Von ihm erwartet man die Befreiung der Juden vom römischen Joch, aber auch die Bekehrung der Nichtjuden zur Jachwä-Religion. — Auf die Ankunft dieses Messias warten die meisten Juden noch heute. Für die messianischen Juden (Jehudim Meschichiim) und die Christen ist Jehoschua der Messias, dessen Wiederkunft sie erhoffen. (Bän=Sohn/Adoptivsohn/Nachkomme/verwandt)

Jehoschua Nazoraja

ist mandäisch der Nazoräer, hebräisch der Nozer ha-Brit, der Bewahrer/der Wächter des Bundes von Qumran, im Kreis des Bet Nääman, der Schule der Verläßlichkeit, zu dem auch Jochanan bän-Secharja ha-Matbil (Johannes der Täufer) und die gnostischen taufenden Mandäer gehören. Später wird aus dem Nazoräer der Nazarener, Jehoschua isch-Nozart, der Mann aus Nozart/Nazrat/Nazaret/Wächterin im Galil ha-Gojim, dem Kreis der Heiden (Galiläa), einer Stadt, von der die Geschichte erst 8oo Jahre später Kunde hat. Der Jeschu ha-Nozer/Nozri der Juden hat sich von einem beschnittenen Bewahrer des Bundes in einen vom Judentum abgefallenen christlichen Apostaten aus Nazaret verwandelt und Jeschu, der galiläisch-aramäische Rufname von Jehoschua wurde zur hebräischen Fluchformel: *»jimach schemo we-sichro = möge sein Name und sein Andenken ausgelöscht werden«*.

Jehoschua bän-Mirjam, der Jungfrauensohn ist eine Erfindung jüdisch-hellenistischen Denkens und wurde in den hebräischen Text von Jes 7·14, wo von einer ›jungen Frau‹ die Rede ist, in die griechische Septuaginta hineingelesen. Was aber im Judentum und Islam noch Heraushebung eines besonderen Menschen war, wird in der griechischen Christologie schnell zum Gottessohn durch Geburt und Halbgott (hemitheos), die das jüdische Denken nicht kennen, ja zur gottgleichen zweiten Person der Trinität, Homousie/Gottgleicheit statt Homoiusie/Gottähnlichkeit, zur Identität mit Jachwä. Doch bleibt es nicht beim bloßen Titel, sondern das NT läßt, besonders im Johannesevangelium, Jehoschua wie einen nichtjüdischen und judenfeindlichen Gott-Sohn reden, der sich selbst als einzigen Weg zu Gott-Vater (Joh 14·6) bezeichnet und die Juden pauschal als Söhne des Teufels (Joh 8·44) verunglimpft.

Jehoschua ha-Qanna, der Zelot

Die Christen verehren Jehoschua als Messias, griechisch: ›Christos‹ und sind damit ›Messiasleute‹. Der
Messias ist der endzeitliche übermenschliche Befreier
vom römischen Joch für ganz Jißrael und das war Jehoschua bän-Joßef sicher nicht. Im NT verbinden sich zelotische und messianische Elemente, sodaß man von
einem ›zelotisch-messianischen Komplex‹ sprechen
könnte. Auch der Zelot richtet sich gegen die Feinde
Jißraels, die Feinde des Jachwä, die Feinde der jüdischen Orthodoxie, gegen die jüdischen Kollaborateure,
einschließlich der pazifistischen Hilleliten. — Die Zeloten werden allgemein als Sondergruppierung der Pharisäer aufgefaßt und im Besonderen dem Bet Schammaj,
den Schammajiten, zugerechnet, welche der Verfolgung,
ja sogar Ermordung von Hilleliten beschuldigt wurden.
Dementsprechend ist der Pharisäer Schaul Paulus als
Schammajit, der Pharisäer Jehoschua als Hillelit zu
verstehen. Nach dem Wortlaut des NT ist jedoch Schaul
ein Hillelit und Jehoschua überhaupt kein Pharisäer.

Geht man zu den ursprünglichen Wortbedeutungen zurück, so bedeutet Qanna/Zelot, der Eiferer. Auch von
Jachwä ha-Qanna, ›Jachwä, dem Eiferer für das Gesetz‹ ist die Rede (Ex 34.[14]) und J. Buxtorf hatte 1621
als erster die Chuzpe, von dem ›Zeloten Jachwä‹ zu
sprechen. Schon bald schlägt bei Gott und Mensch der
Eifer in Gewalt um, eine Gewalt, die sich gegen die
Feinde Jißraels und des Jachwä richtet. — Der ha-
Maschiach, gräzisiert: Messias, griechisch: Christos,
der Gesalbte (des Jachwä) war im AT ein Ehrentitel für
Patriarchen, Könige, Großpriester und Propheten,

und wurde erst in der zwischentestamentlichen Zeit zum Retter der Endzeit. Als ›messianische Zeichenhandlungen‹ verstanden werden im NT die sogenannte ›Tempelreinigung Mk 11·15ff‹ und der Einzug des Jehoschua in Jerusalem (Mk 11·1ff). Für den ›Menschensohn‹ genannten Messias des Henoch sind beide Handlungen zu friedlich und für die Befreiung Jißraels leisten sie nichts.

Auch der ›Zelot Jehoschua‹ begegnet uns weniger in Taten als in Worten: Er scheut auch vor Pietätlosigkeit, Fluch, Haß und Gewaltandrohung gegenüber Familie, Freunden und Unbeteiligten nicht zurück: »..*folge mir nach und laß die Toten ihre Toten begraben.*« Mt 8·21 — »*Ich bin nicht gekommen Frieden zu bringen, sondern das Schwert... einen Menschen mit seinem Vater zu entzweien...*« Mt 1o·34-36 — Die Verfluchung des Feigenbaums, weil er außerhalb der Fruchtzeit keine Frucht trug. Mt 21·18-19 — »*Ein Feuer auf die Erde zu bringen, bin ich gekommen...*« Lk 12·49 — »*Wenn jemand zu mir kommt und nicht seinen Vater und seine Mutter, seine Frau und seine Kinder... haßt, kann er nicht mein Schüler sein.*« Lk 14·26-27 — »*Wer kein Schwert hat, verkaufe seinen Mantel und kaufe eins.*« Lk 22·36 — Zum jüdischen Zeloten und Messias gehörten auch das bedingungslose Festhalten am Wortlaut der Tora (Mt 5·18), wie es im orthodoxen Bet Zadoq und Bet Schammaj üblich war, ganz im Gegensatz zum liberalen Bet Hillel und Bet Däräch, des historischen Rabbi Jehoschua bän-Joßef. — Zelotisch-messianisch ist auch die Königsherrschaft des Jachwä, die Malchuta Jachwä oder die Königsherrschaft der Himmel, die Gewalt tun und erleiden (Mt 11·12), im Gegensatz zum familiär-pazifistischen Vaterhaus des Jachwä, dem Bet Abba Jachwä (⇒ :94).

Jehoschua ha-Ävjon, der Arme

Während die Gojim Meschichiim, die Messiasheiden des Schaul Paulus, Christen, dh Messiasleute genannt werden, nennt man die Jehudim Meschichiim, die Messiasjuden des Jaaqov bän-Joßef ha-Zaddiq, Ävjonim, Arme oder Ebioniten. Die Armut dieser neuen Bewegung wird dadurch zu einem gleich wesentlichen Merkmal wie der Messianismus.

Im NT wird dem Armen der Himmel zugesprochen (Lk 6.20), dem Reichen aber abgesprochen (Lk 18.25parr).

Der historische Rabbi Jehoschua bän-Joßef war zwar Bauhandwerker (Naggar → :54) wie viele andere Pharisäer auch, hatte aber wohl in der Zeit seines öffentlichen Wirkens als Wanderlehrer keine Einnahmen und war, zusammen mit seinen Schülern auf reiche Förderinnen und Förderer angewiesen, die offene Häuser für sie hatten. Die Verteufelung des Reichtums im NT erscheint aus dieser Sicht für Jehoschua widersinnig. — Mit zunehmender Größe des Bet Däräch, der Jehoschua-Bewegung nach dem Tod ihres Stifters, änderte sich der Blickwinkel und das Lob der Armut wird als Ausdruck einer noch finanziell schwachen Bewegung verständlich.

Die Essener-Hypothese

Im Palästina des 1. Jahrhunderts gab es 5-6ooo Pharisäer, 3-4ooo Essener und einige Hundert Sadduzäer. Die
scheinbar einfachste Erklärung dafür, daß im NT die
Essener überhaupt nicht erwähnt werden, ist die, daß
Jehoschua selbst Essener war. Diese Meinung vertrat
der aufgeklärte Friedrich II, der Große.

Das NT selbst und die konservative Theologie betrachten Jehoschua als einmaliges göttliches Wesen, das niemals einer menschlichen Gruppierung angehörte und
schon deshalb weder Essener noch Pharisäer, weder
Prophet noch Lehrer, weder Rabbi noch Exorzist sein
durfte.

Mit der Entdeckung der Qumran-Bibliothek und Gleichsetzung einer hypothetischen Qumran-Bewegung mit den
Essenern des Josephus nahm die Zahl der nicht-theolo-
gischen Autoren deutlich zu, die Jehoschua als Qumran-
Essener verstanden. Doch kommen in den Qumran-
Schriften fast ausschließlich Decknamen vor, deren
Gleichsetzung mit historischen Personen stets unsicher
bleibt. So wurde der ›Lehrer der Gerechtigkeit‹ schon
mit Jehoschua und mit seinem Bruder Jaaqov, dem Gerechten, identifiziert, aber neuerdings meist ein Jahrhundert früher angesetzt. — Die meisten jüdischen und
christlichen Theologen konnten anfangs keinen Zusammenhang von Jehoschua mit den Qumran-Essenern er-
kennen. 1999 sah jedoch D. Flusser eine Verwandtschaft zwischen der Gedankenwelt des Jehoschua, des
Schaul Paulus, des Johannes-Evangeliums und Qumran.

Die Qumran-Bibliothek gehört zur zwischentestamentlichen Literatur, zeitlich zwischen AT und NT und hat dadurch die Kenntnis der jüdischen Gedankenwelt dieser Zeit entscheidend vermehrt. Viele Begriffe und Wendungen des NT, die bisher unverständlich waren und als Neuschöpfungen galten, werden aus den Qumranschriften verständlich. So sind die *»Armen im Geist«* von Mt 5.3 nicht *»geistlich arm«*, wie M.Luther meinte und auch nicht ›arm an Geist‹, sondern wegen des Heiligen Geistes freiwillig arm geblieben, weil der Reichtum den Heiligen Geist behindere.

In mehrfacher Hinsicht steht jedoch der pazifistische Jehoschua in entschiedenem Gegensatz zur zelotischen Philosophie der Qumranschriften: So fordert Jehoschua, alle Menschen, auch die Feinde zu lieben (Mt 5.43-45), während in Qumran die Gegner als *»Söhne der Finsternis«* gehaßt werden sollen (1 QS 1.11). — Im Gegensatz zu Jehoschua und seiner Zuwendung zu den Außenseitern, hatte die Qumranbewegung den Kranken, Gebrechlichen und Behinderten *»wegen der Engel«* den Gottesdienstbesuch verboten (1 Q 28a II.3-9). Auch die strenge Einhaltung ritueller Gebote und täglicher Tauchbäder in Qumran steht im Gegensatz zur grundsätzlichen Abwertung religiöser Vorschriften bei Jehoschua (Mk 7.15/2.23).

Doch die von D.Flusser behauptete Verwandtschaft von Jehoschua, Schaul Paulus und dem Johannesevangelium zeigt, daß nicht der historische und wie ich meine, pazifistische, sondern der dogmatisch-kerygmatische Jehoschua von den Qumran-Schriften her besser verstanden werden kann.

Die Pharisäer-Kontroverse

Mehrere, meist jüdische, Autoren sind überzeugt, daß Jehoschua ein Pharisäer war. Einige, meist christliche, Autoren sind sich sicher, daß Jehoschua kein Pharisäer war. [zumeist nach P.Lapide 199o]

J. war Pharisäer, stand ihnen zumindest nahe:

Rabbi Juda Leon de Modena (1571-1648): *»Unter all diesen wählte der Nazarener das Gute und das Rechte und folgte der Pharisäerschule.«*

Abraham Geiger (181o-1874): *»...daß das Frühchristentum ganz natürlich aus dem Judentum, der jüdischen Umwelt jener Zeit, dem Posaunenhall der jüdischen Prophetie und den Befreiungsbemühungen der Pharisäer entsprungen ist.«*

Isaac Mayer Wise (1819-19oo): *»Jesus von Nazaret war nicht der Gründer des Christentums. Er war ein pharisäischer Schriftgelehrter und ein jüdischer Patriot...«*

Elia Benamoseg (1822-19oo): *...daß Jehoschua zum Benjamin der Pharisäerschule wurde.. »...stellt sich eindeutig auf die Seite einer der beiden pharisäischen Hauptschulen.«*

Rabbi David de Sola Pool (1885-197o): *»Jesus lebte als Jude ein volljüdisches Leben und beobachtete die rituellen Satzungen der Tora... er wuchs unter den Pharisäern auf... Der Bibeltradition getreu prangerte er die unehrlichen ›Schulterpharisäer‹ an... Die Religion, die Jesus predigte und praktizierte, war fast ausnahmslos das pharisäische Judentum.«*

Rabbi Jacob Posen (1971): *»Denn weit davon entfernt, ein Gegner der Pharisäer zu sein, war Jesus selbst ein Rabbi, dessen geistige Vorstellungen mit der pharisäischen Richtung keineswegs als unvereinbar zu gelten haben.«*

Jürgen Roloff (1979): *»Jesus stand mit manchen Elementen seines Gottesglaubens und seiner Verkündigung den Pharisäern nahe.«*

Pinchas Lapide (1990): *»Jesus gehörte nach meinem Verständnis seiner Lehre zu den sogenannten ›Liebespharisäern‹, die im Talmud als die beste der sieben Schulen gepriesen werden... In ihrem Sinne waren und sind bis heute Heilungen und Behandlungen von Kranken in akuten oder schmerzlichen Fällen am Sabbat nicht nur erlaubt, sondern vielmehr geboten.«* — ([3]1988): Jehoschua wird mehrfach von Pharisäern eingeladen (Lk 11.37/14.1). Er wird von Pharisäern gewarnt (Lk 13.31), der Pharisäer Nakdimon gehört zu seinen Schülern (Joh 3.1-2 = Nikodemus). Jehoschua wurde von dem Pharisäer Joßef isch-Ramatajim beerdigt (Mt 27.57 = Arimatäa). Zu den späteren Anhängern gehörten auch Pharisäer (Apg 15.5). *»Doch auch Mt und Lk zeigen deutliche Spuren tannaitischer Denkweise, midraschartiger Bibelexegese und pharisäischer Argumentation...«*

Schalom Ben-Chorin (1992): *»Die Theologie Jesu stimmt mit der der Pharisäer überein und der Titel ›Rabbi‹, den nur pharisäische Schriftgelehrte führten, zeigt, daß er selbst dieser Richtung, freilich in Opposition gegen das Establishment, angehörte.«*

Günther Schwarz (1993): *»Trotz seiner Kritik an den Pharisäern stand Jesus ihnen viel näher, als die Evangelien vermuten lassen.«*

Klaus Berger (1994): »*Vieles weist darauf, daß Jesus selbst mit seiner Kritik an Pharisäern und mit seiner Botschaft dem Ursprung nach dieser Richtung am nächsten steht.*«

Theißen & Merz (1996): »*Das Verhältnis Jesu zu den Pharisäern ist ambivalent... Jesus teilte die religiösen Gundüberzeugungen der Pharisäer.*«

J. war kein Pharisäer und stand ihnen fern:

Moriz Friedländer (1905): »*Wie später der größte aller Apokalyptiker, Jesus (Mt 23·23), hielten auch sie (die Apokalyptiker) für das Schwerste im Gesetz, das die Pharisäer dahinten ließen: das Gericht, die Barmherzigkeit und den Glauben (Hen 58·5...)...*«

Otto Betz ([2]1991): »*Ferner lehnte Jesus die von den Pharisäern betriebene kasuistische Auslegung der Einzelgebote... ab. Schon aus diesem Grunde kann er kein Pharisäer gewesen sein, wie dies heute manchmal behauptet wird (Joseph Klausner; Paul Winter; ähnlich David Flusser).*«

Ähnlich kontrovers wird der Bildungsgrad des Jehoschua beurteilt: J.D. Crossan, 1996 und G. Lüdemann, 2000 halten ihn für einen Analphabeten. R. Riesner, [3]1988 nimmt eine Mittelstellung ein und hält ihn für eine Art ›Volksschullehrer‹. Für viele liberale Juden, zB für S. Ben-Chorin (1992), ist Jehoschua ein schriftgelehrter Rabbi, dh ein Gelehrter, dessen Bildungsgrad den des Schaul Paulus weit übersteigt.

Jehoschua, Jude oder Nichtjude

Die scheinbar ganz einfache Frage wird bis heute kontrovers beantwortet. Der liberale jüdische Historiker Joseph Klausner schrieb 1922: *»In allen seinen Handlungen und Ansichten war Jeschu ein Jude... Jeschu war der jüdischste aller Juden; jüdischer sogar als der große Lehrer Hillel. «* — Der orthodoxe jüdische Bibelwissenschaftler Shemaryahu Talmon sagte 1992: *»Jesus war kein Jude. «*

Die avrahamitischen Religionen, Judentum, Christentum und Islam gibt es in zwei unvereinbaren Erscheinungsformen: Die konservative, intolerante Orthodoxie und den progressiven, toleranten Liberalismus. Für die Orthodoxen sind die Liberalen areligiös, abtrünnig. Für die Liberalen sind die Orthodoxen überreligiös, fundamentalistisch. Für den orthodoxen S. Talmon ist der liberale Jehoschua bän-Joßef keine Jude, für den liberalen J. Klausner ist Jehoschua der jüdischste aller Juden.

Doch was heute in Mitteleuropa nur eine meist folgenlose Ausgrenzung ist, galt in fundamentalistischen Ländern und Zeiten als todeswürdiges Verbrechen des Abfalls, der Apostasie. Der vom Islam Abgefallene wurde enthauptet, der vom Judentum Abgefallene gesteinigt, der vom Christentum Abgefallene verbrannt. — Für den Orthodoxen sind also die Liberalen weit verwerflicher als die von Geburt Ungläubigen, die noch zum Glauben kommen könnten. So wird die Todfeindschaft der orthodoxen Sadduzäer gegenüber den Reformern Jehoschua bän-Joßef (-32 nJ), Stephanos und Jaaqov bän-Joßef

(-62 nJ) und der Tod von Stephanos und Jaaqov durch Steinigung verständlich. — Auf christlicher Seite verhält es sich ähnlich. Für liberale Christen ist Jehoschua ein Jude, dh er gehört einer anderen Religion an und vertritt eine andere Botschaft als seine Verehrer. Für orthodoxe Christen ist Jehoschua kein Jude, sondern ein im jüdischen Land inkarniertes Himmelswesen, das im Johannes-Evangelium zudem judenfeindlich ist. Dieser orthodoxe Jehoschua ist der Christus, der Stifter des Christentums, der von der Mehrheit der Juden abgelehnt wird. Der orthodoxe Jehoschua und seine Schüler können schon deshalb keine Juden sein, da alle Juden der ewigen Verdammnis anheimfallen. So schreibt Martin Luther 1529 im Großen Katechismus: »Denn was außer der Christenheit ist, es seien Heiden, Türken, Juden oder falsche Christen und Heuchler, ob sie gleich nur einen wahrhaftigen Gott glauben und anbeten... darum sie in ewigem Zorn und Verdammnis bleiben.« Martin Luther spricht dem Juden Jehoschua die ewige Verdammnis zu, wird aber seinerseits als Nichtkatholik in der bis ins 21. Jahrhundert gültigen Lehrformel des Fulgentius (467-532) verdammt: »Die Heilige Römische Kirche glaubt fest, bekennt und verkündet, daß niemand außerhalb der katholischen Kirche, weder Heide noch Jude oder ein von der Einheit Getrennter des ewigen Lebens teilhaftig wird, vielmehr dem ewigen Feuer verfällt, das dem Teufel und seinen Engeln bereitet ist.«

Der liberale Protestant befindet sich also in der Hölle in guter Gesellschaft des Juden Jehoschua und seiner jüdischen Schüler, des Juden Schaul Paulus, der noch dazu die Jungfrauengeburt leugnet (Gal 4·4), des Fulgentius, der die unbefleckte Empfängnis leugnet, von Luther, Zwingli und Calvin, Albert Schweitzer, Dietrich Bonhoeffer, Martin Buber und Martin Luther King, um ein paar bekanntere Namen zu nennen. Der Satz: ›Jehoschua war ein Jude‹ ist in den protestantischen Kirchen Mitteleuropas fast selbstverständlich geworden. Was aber, wenn ein protestantischer Pfarrer eine Jüdin heiratet, was in Württemberg vor einigen Jahren der Fall war, also eine Frau gleicher Religion wie Jehoschua und Schaul Paulus. Dann wird deutlich, daß unser Bekenntnis zum Juden Jehoschua doch nicht ganz ernst gemeint war.

S. Talmon spricht dem Rabbi Jehoschua bän-Joßef des 1. Jahrhunderts das Judentum ab, obwohl doch von der angeblich unjüdischen Botschaft dieses Jehoschua bestenfalls kontroverse Hypothesen existieren. — Im Februar 2ooo stellte die (orthodoxe) Deutsche Rabbinerkonferenz einstimmig fest, daß der (liberale) Landesrabbiner von Niedersachsen Dr. theol. Walter Homolka weder Jude noch Rabbiner ist. — Liberale verschiedener Religionen können sich verständigen. Liberale und Orthodoxe der gleichen Religion trennt ein unüberbrückbarer Abgrund.

Jehoschua bän-Joßef war ein liberaler Jude. Also ist er für die Liberalen aller Religionen ein Jude. Für die orthodoxen Juden und Christen ist Jehoschua dagegen kein Jude. Für die orthodoxen Christen ist er ein Christ, für die orthodoxen Juden ein Apostat, ein Abtrünniger.

Jehoschua-Bilder [und ihre Befürworter]

Jude, Pharisäer, Prophet, Heiler, Menschensohn,

historischer Jehoschua bän-Joßef, nicht Gottessohn, nicht Jungfrauensohn, nicht Messias, nicht auferstanden [liberale Juden: zB Hilleliten, Geza Vermes (1924-)/liberale Christen, zB Albert Schweitzer (1875-1965)/Agnostiker: zB Rudolf Augstein (1923-), so auch in diesem Buch]

judenfreundlicher Engel, Übermensch, Logos,

Messias, gottähnlicher Christus, Gottessohn durch Adoption, nicht Jungfrauensohn, auferstanden [konservative Juden: zB Pharisäer, Jaaqov bän-Joßef ha-Zaddiq, Schaul Paulus, Pinchas Lapide (1922-1997), konservative christliche Laien und Theologen im 21. Jahrhundert]

judenfeindlicher Gott, gottgleicher Erlöser,

Gottessohn durch Zeugung, Jungfrauensohn, Tod durch Kreuzigung als König der Juden, auferstanden [orthodoxe und doketische Christen: zB Adolf Schlatter(1852-1938), Karl Barth (1886-1968), Joseph Ratzinger (1927-)]

Nichtjude durch Apostasie/Abfall, falscher Prophet,

Jeschu ha-Nozri in der hebräischen Literatur, uneheliche Geburt, Vater der Soldat Panthera, Tod durch Steinigung als Verführer, nicht auferstanden [orthodoxe Juden: zB Sadduzäer, Mandäer, Toldot Jeschu, Jeshajahu Leibowitz (1987), Shemarjahu Talmon (1992)]

wahrer Mensch und wahrer Gott,

unvermischt und ungetrennt, Vereinigung der unvereinbaren Merkmale von Jude und Nichtjude [dogmatische Christen: Chalcedonense = Konzil von Chalkedon (451), Gerd Lindemann verkündet 1999 als agnostischer Professor für NT: Jehoschua ist Jude — am gleichen Tag als gläubiger Pfarrer: Jehoschua ist Nichtjude]

Prophet, Jungfrauensohn, Menschensohn,

nicht Gottesohn, weder durch Adoption noch durch Zeugung, nicht auferstanden [Nestorius (-451 nJ) und Muchammad (57o-632) — Im Jahr 2ooo nJ wird in Deutschland ein blasphemischer Film über Jehoschua gezeigt. Dagegen protestieren Muslime und Christen gemeinsam.]

Konservative, orthodoxe, fundamentalistische jüdische und christliche Bewegungen und Theologien bezeichnen sich selbst oft als biblisch bzw toratreu und werden von anderen als biblizistisch bezeichnet. Die Tora bzw die Bibel und ihre unzähligen widersprüchlichen Interpretationen geben fast jeder Überzeugung zugleich recht und unrecht, den regressiven Bewahrern wie den progressiven Reformern.

historischer & kerygmatischer Jehoschua

Der historische Jehoschua der Geschichte wird meist
>Jesus<, der kerygmatische Jehoschua der Verkündigung
und des Glaubens, meist >Christus< genannt. Dagegen
neige ich dazu, den historischen Jehoschua der jüdischen
Geschichte vom literarischen Jehoschua des christlichen
NT zu unterscheiden.

Die Begriffe >historisch< und >kerygmatisch<
gehen davon aus, daß es nur eine Geschichte und nur ein
Kerygma gibt, doch gibt es davon viele von einander ab-
weichende, ja sich widersprechende Verkündigungen. —
Setzt man >historisch< mit dem >wahren Menschen< und
>kerygmatisch< mit dem >wahren Gott< des Konzils von
Chalkedon gleich, so ist die Identifikation aller Keryg-
mata und aller Geschichten das dogmatisch Gegebene.
Doch waren Theologen, die dieses Kunststück im Kopf
fertig brachten in allen Jahrhunderten äußerst selten.
Die Mehrheit der Laien und Theologen ist stets konser-
vativ-doketisch und glaubt an den Gott Jehoschua, den
sie >Jesus Christus< nennt. Eine liberal-arianische Minderheit beschäftigt sich ausschließlich mit dem Menschen
Jehoschua, den sie >historischer Jesus von Nazaret<
nennt.

Im 2o. Jahrhundert kam eine eigentümliche, neo-doketi-
sche Schulrichtung hinzu, die behauptet, ein Beweis der
Nichtexistenz des historischen Jehoschua hätte auf ih-
ren Glauben an den gekreuzigten und auferstandenen
Erlöser keinerlei Einfluß, zB P.W.Schmiedel (1906) und
H. Zahrnt (1977).

Jehoschua bän-Joβef: *Biographisches*

Das Wort und die Wörter

Wörter sind Geräusche,
bei denen sich jeder denken kann,
was er will.

Wer nicht sagt
was seine Wörter bedeuten,
sagt nichts.

Fast alle Wörter sind Metaphern, Spielmarken für
Wortspiele, Ausgangspunkt von Sprachspielen, Farbtu-
pfer für Wortmalerei, farbiger als Mosaiksteine: Grün,
wir fahren ins Grüne, sie wählen die Grünen, er ist noch
grün hinter den Ohren, er ist ihm nicht grün, grün vor
Neid, Grünkreuz, er traf im Wald einen Grünrock,
grüner Punkt (der selten grün ist).

Jachwä erschafft eine Welt aus Wörtern. Wir erschaffen einen Schöpfer aus Wörtern. Nicht nur im Griechischen ist der Poet Schöpfer und Dichter zugleich. Die
Bibel ist Poesie, zeigt uns den Umgang von Schöpfern
miteinander. Schöpfung und Poesie erschaffen einander. — C.F.Burney (1868-1925) hielt Jehoschua für einen hebräischen Dichter, M.Black (1908-), R.Riesner
und G.Schwarz (1928-) für einen aramäischen. —
Technische und wissenschaftliche Texte, die sich am
Faktischen orientieren, kann man übersetzen. Meta-

phern-Spiele religiöser Texte werden bestenfalls Ausgangspunkt von Nachdichtungen oder anderen Texten, die eine andere Nachricht bringen.

Wörter verändern ihre Bedeutung. Wer an Wörtern festhalten will, muß die veränderte Aussage in Kauf nehmen. Wer an der Aussage festhalten will, muß die Wörter verändern. — Wir sehen, glauben, hoffen und fürchten nur, was wir benennen können. Das Unbenannte macht uns Angst. — Synoden streiten um Wörter. Ob Homousie oder Homoiusie (Gottgleichheit oder Gottähnlichkeit) entscheidet über Himmel und Hölle, Errettung oder Verdammnis, der mit Feuer und Folter nachgeholfen wird. Das Faktische der Religion ist der Glaube und die Strategie, ihn auszubreiten.

Wörter kann man nie genug haben. Jede Zeit, jeder Stand, jeder Charakter, jeder Beruf erfindet neue. Keine Sprache ist zu fern für Fremdwörter. Oft fallen • einem nur Fremdwörter ein. Oft kann man Fremdwörter nur mit anderen, noch selteneren Fremdwörtern erklären.

Was als Lob gedacht war: ›Maria die reine Magd‹ - ›recht und schlecht‹ - ›christlicher Kommunismus‹ wird bald als Tadel empfunden. Der viel gescholtene ›Demokrat‹ des Kaiserreiches gelangte später zu höchsten Ehren.

›Wort Gottes‹, verbum dei, werden die Bibel und Jehoschua genannt. Unfehlbarkeit und Sündlosigkeit folgen daraus zwangsläufig. Die Bestreiter stehen zunächst außerhalb der Sprache, ebenso die, die Jehoschua statt ›Jesus‹ sagen. Die Geschichte ist schwach, die Gewohnheiten sind übermächtig. — Wir müssen zuerst uns selber ändern, ehe wir die Wörter und die Sprache ändern, wenn wir andere ändern wollen.

jüdische Ideengeschichte

12oo Jahre vor Jehoschua (vJ) beginnt die jüdische Geschichte mit einem kanaanäisch-aramäischen Vielvölker-
gemisch und vielen Göttern: Hausgöttern, Wettergöt-
tern, importierten akkadischen, ägyptischen, sumerischen
Gottheiten. Mit Namen kennen wir den Stadtgott von
Jerusalem ›El‹, Ba·al, Schaddaj und schließlich Jachwä,
dessen Name kein Name sein will, sondern ›der Sei-
ende‹ oder ›der Werdende‹ bedeutet. Doch im 1.Jahr-
hundert war der prophetische Vereinigungsprozeß längst
abgeschlossen. Die Juden kannten nur noch einen Gott,
Jachwä, während die anderen zu Begriffen oder Beinamen herabgesunken waren. Viele Juden, auch Martin
Buber, wagten den Namen ›Jachwä‹ aus Ehrfurcht
weder zu sagen noch zu schreiben. Manchen ist auch
das Wort ›Gott‹ zu heilig und sie schreiben ›G"‹
dafür.

Zentrum des jüdischen Glaubens sind bis heute die Tora,
die Weisung des Jachwä, die fünf Bücher Mosche, der
Pentateuch und bis zum Jahr 7o nJ der zweite Tempel,
der Wohnort des Jachwä. Mit der Zerstörung des
Tempels durch die Römer endeten mit dem Amt der
Priester und Großpriester (Hohepriester) auch die blutigen Tieropfer, was keine prophetische Kritik zuvor
erreicht hatte. Die religiösen, sozialen, medizinischen
und Bildungs-Aufgaben der Tempelaristokratie, die von
den Tempeleinnahmen gelebt hatte, wurden, so gut es
ging, von den ehrenamtlichen, dh unbezahlten pharisäischen Rabbinen übernommen.-- Während die Sadduzäer
sich ausschließlich an der schriftlichen Tora und ihrer
aktuellen Interpretation orientierten, erhoben die Pharisäer die Tora-Interpretationen und -Kommentare in

den Rang einer gleichwertigen Überlieferung, was, wie in der buddhistischen Theologie, zu Superinterpretationen und Superkommentaren führte, die den Text fast verschwinden ließen. Dieser Prozeß war zur Zeit des Jehoschua schon voll im Gange und Zielscheibe seiner innerpharisäischen Kritik, die später im NT als Verfluchung aller Pharisäer und Schriftgelehrten mißverstanden wurde.

Angetreten war die, von den Chaßidim, den Frommen, abstammende Reformbewegung der Pharisäer, besonders bei Hillel I ha-Saqen, dem Älteren, mit dem Versuch einer Anpassung ursprünglicher Überlieferungen an eine gewandelte soziale und kulturelle Situation, bei der jedoch auch hellenistische Einflüsse (Engel, Teufel, Dualismus, Auferstehung) bestimmend wurden. -- Während der Bet Hillel, die Schule Hillels, pazifistisch war, gingen aus dem Bet Schammaj, der Schule Schammais, Zeloten, Sikarier und Messiasse mit einer gewalttätigen Weltanschauung hervor. Dabei sollen sogar Schüler Schammais mehrere Schüler Hillels, die der Verbrüderung mit den Römern, dh der Kollaboration verdächtigt wurden, ermordet haben.

Die Klammer aller jüdischen Bewegungen vor Jehoschua war die >Tora-Gerechtigkeit<, die Jachwä mit den Menschen verläßlich verband, nur daß die Zahl mündlicher Weisungen ununterbrochen wuchs und die Verständigung mit den Nichtjuden immer schwieriger wurde. Doch wandte sich die Selbstgerechtigkeit des Zaddiq, dh des Gerechten auch gegen die Außenseiter, sozialen Randgruppen und >Unreinen< der eigenen Gesellschaft, sodaß das Ergebnis mit Ausgrenzung der Kranken, Behinderten, Frauen, Kinder, Samaritaner, Galiläer, Zöllner und vieler anderer extrem antisozial und auf die

Dauer zunehmend unmenschlich wurde.

Hier setzt die Fundamentalkritik des Rabbi Jehoschua
ein, der besonders im Gleichnis von den >Arbeitern im
Weinberg< (Mt 2o·1ff) jede Verdienstkumulation gegen
Jachwä rundweg bestreitet, weil die Barmherzigkeit
des Jachwä dem Letzten wie dem Ersten in gleicher
Weise zukommt. -- Die Erlösung des Juden aus >Be-
schneidung und Gerechtigkeit< wird ebenso infrage ge-
stellt wie die Erlösung des Christen aus >Taufe und
Glaube Mk 16·16<. Das wird schon Mk 1o·14-15 deutlich,
daß man in das Vaterhaus des Jachwä (Bet Abba) auch
mit Glaube, Gerechtigkeit, Werken, Beschneidung,
Taufe und Abendmahl nur hineinkommt, wenn man wie
ein Kind ist.

Die drei avrahamitischen Religionen, Judentum, Christentum und Islam, bzw das Judentum mit zwei Schulen,
haben sich vom 1. bis zum 21.Jahrhundert kaum verän-
dert. Zu allen Zeiten wurde eine liberale Mehrheit von
einer orthodoxen Minderheit bevormundet. Menschliche
Verhaltensänderungen benötigen wesentlich längere
Zeiträume als 2ooo Jahre.

Parteien — Gruppen — Schulen

Das NT unterscheidet nur Pharisäer und Sadduzäer und stellt Jehoschua als Kritiker beider dar. Die Sadduzäer werden als Leugner der Auferstehung charakterisiert (Apg 23.8).

Joßef bän-Mattitjahu (Josephus Flavius) unterscheidet drei Gruppen: Pharisäer, Sadduzäer und Essener, die genauer charakterisiert werden, außerdem die Zeloten des Jehuda aus Galiläa, die zu den Pharisäern zählten.

Historisch gesehen, gab es im ersten Jahrhundert 5ooo-6ooo Pharisäer, 3ooo-4ooo Essener und einige Hundert Sadduzäer. Die größte Gruppe war jedoch das Landvolk, der Am ha-Arez, das den Pharisäern zeitweise nah, zeitweise fern stand.

Es sind jedoch auch andere Unterscheidungen möglich. Man kann die Jerusalem-freundliche Partei der Herodianer und die Jerusalem-feindliche Partei von Qumran unterscheiden.

Eine königlich-großpriesterliche Partei waren die Hasmonäer, die schlimmsten Feinde der Pharisäer. — Die betenden Therapeuten und die taufenden Nazoräer, die Wächterbewegung, Nozrim ha-Brit, haben ihren Ursprung in Qumran und setzen sich in den Mandäern fort. Die Mandäer betrachten den taufenden Jochanan ha-Matbil als wahren und den nicht taufenden Jehoschua bän-Joßef als falschen Propheten. Der neutestamentliche enge Zusammenhang zwischen beiden dürfte unhistorisch sein. — Nasiräer, die einen Enthaltsamkeitseid abgelegt hatten, waren einzelne oder kleine Gruppen. Jaaqov bän-Joßef der Bruder des Jehoschua gehört dazu. Er war auch Großpriester. Priester und Großpriester fand man in Qumran, bei den Sadduzäern und Pharisäern. — Schriftgelehrte gab es bei den Großpriestern, Priestern, Sadduzäern und Pharisäern.

Kritik an den blutigen Opfern von Jerusalem findet sich bei den Propheten (Jes 1.11/Jer 7.22/Hos 6.6) und in Qumran, Kritik am Schabbat bei Hillel und Jehoschua (Mk 2.27), Kritik an den Reinheits- und Speisegeboten bei Jehoschua (Mt 15.11/Mk 7.15) und bei Chanina bän-Doßa. Dieser tora-kritischen Gruppe einzelner Propheten und Pharisäer stehen die Tora-bewahrenden Sadduzäer, Essener, Nazoräer, Schammajiten und Zeloten gegenüber.

Im Einzelnen:

Pharisäer

Pharisäer, von Peruschim, die Abgesonderten, war ursprünglich eine Spottbezeichnung der Gegner, wie Quäker, die Zitterer, für Mitglieder der Society of Friends, der Gesellschaft der Freunde. Die Pharisäer nennen sich selbst Chachamim, Weise und leiten sich von den Chaßidim, den Frommen im 2. Jahrhundert vJ ab. Ihre Gegner waren die Tempel-Aristokratie der Priester und Sadduzäer und die Hasmonäer. Unter dem Hasmonäer Jochanan Hyrkan I (135-1o4) wurden sie aus dem ßanhädrin (Hohen Rat) vertrieben. Unter seinem Sohn Alexander Jannaj (1o3-76) wurden 8oo Pharisäer gekreuzigt und ihre Frauen und Kinder vor ihren Augen hingerichtet.

Die Pharisäer waren eine Frömmigkeitsbewegung gegen die hellenistische Entartung der Lebensweise der Sadduzäer und Hasmonäer und zugleich eine Reformbewegung, mit der hellenistische religiöse Ideen, wie Engel, Dämonen, Dualismus, Willensfreiheit, Auferstehung, Eingang ins jüdische Denken fanden (Josephus JK 2.8.[14]). — Die unsterbliche Seele böser Menschen sollte in der Hölle ewige Qual erleiden, während die Seele der Guten sich auf der Erde reinkarnierte (Mk 8.[28]), eine Seelenwanderungs-Lehre, von der im NT nur selten die Rede ist. Die Pharisäer orientierten sich, im Gegensatz zu den Sadduzäern, auch an der mündlichen Überlieferung, dh der mündlichen Tora und waren somit nicht nur für hellenistische Ideen, sondern auch für aktuelle Fragestellungen offen.

Die Pharisäer dachten hellenistisch, die Sadduzäer lebten hellenistisch.

Bet Hillel, pazifistische Schule Hillel d. Ä. (60 vJ-10 nJ)

Die zelotisch-messianische Bewegung, der Bet Schammaj, erwies sich unter römischer Herrschaft als zu-
kunftslos. Deshalb entschloß sich die pharisäische
Mehrheit, der Bet Hillel, die Schule von Hillel I ha-Saqen (dem Älteren) auf zelotische Aktionen ganz zu verzichten und durch Kollaboration mit den Römern die Genehmigung zur Wiedereröffnung der Akademie von Javne
zu erwirken. Diese historische Aufgabe erfüllte Rabbi
Jehoschua bän-Chananja, der unter dem Namen >Rabbi
Jehoschua< allen Juden ein Begriff ist. Auf Hillel beruft
sich heute das Reformjudentum, während das orthodoxe
Judentum eher sadduzäisch orientiert ist. — Hillel gilt
gegenüber Schammaj als liberal und menschenfreundlich,
zB in der Schabbatfrage: *Der Schabbat ist um des
Menschen willen da und nicht der Mensch um des Schabbats willen.* (vergleiche Mk 2.27)) — Auch die Goldene Regel wird Hillel zugeschrieben: *Was Du nicht
willst, daß dir die Leute tun sollen, das tue auch ihnen
nicht.* (Mt 7.12) — Seine Liberalität in der Schei-
dungsfrage wirkt sich allerdings ausschließlich zugunsten
der Männer und zuungunsten der Frauen aus.

Bet Däräch, die Schule des Weges des Jehoschua

Der Bet Däräch (Apg 24.14) ist die Schule des pharisäischen Rabbi Jehoschua bän-Joßef, der vom Bet Hillel
herkommt. Während es früher selbstverständlich war,
Jehoschua als Stifter des Christentums anzusehen, wird
dies heute mehrheitlich bestritten, ohne aber zu sagen,
daß er Stifter und Schulhaupt des Bet Däräch, der Schule des Weges war und ist. Jehoschua erweitert den

Rahmen der menschenfreundlichen Schule Hillels auf
Frauen und Kinder, Gebrechliche und Kranke, Außensei-
ter und Gestrauchelte, Randgruppen und Nichtjuden.
Auch geht Jehoschua über die Liberalisierung des
Schabbats hinaus und tritt, eine damals gefährliche
Grenzüberschreitung, für die Liberalisierung der Spei-
segebote ein (Mt 15.11-2o /Mk 7.14-23), ein kühner
Schritt ins dritte Jahrtausend!

Jochanan bän-Sakkai (3o-8o nJ)/die Akademie Javne

Der Tannait Jochanan bän-Sakkai war Anhänger der
Friedenspartei Hillels und floh aus dem belagerten
Jerusalem zu Vespasian, von dem er nach Zerstörung
des zweiten Tempels (7o nJ) die Erlaubnis erhielt, ein
Lehrhaus, die spätere Akademie, in Javne zu eröffnen.
Den Ehrentitel Naßi (Fürst) erhielt er jedoch nicht,
obwohl er durch die Hakkanot, die Neudefinition des
gesetzlichen Systems, einen rabbinischen Neuanfang
nach dem jüdischen Krieg ermöglichte.

Bet Schammaj, Schule Schammaj d. Ä. (5o vJ-3o nJ)

Der Bet Schammaj und der Bet Hillel gelten als 5. Paar
gleichberechtigter Pharisäerschulen (5. Sugot). Schammaj ist der Konservativere und Strengere. Ihm werden
auch Zeloten und Messiasse zugeordnet. Eine Ermordung von Schülern Hillels durch Schüler Schammais wegen Kollaboration wird behauptet. Der Bet Schammaj ist
in mehrfacher Hinsicht mehr sadduzäisch als pharisäisch. — Die messianische Bewegung ist ungebrochen.
Der letzte Messias- Prätendent war Menachem Mendel
Schneurson, der Rebbe von Lubawitsch in Brooklyn
(19o2-1994).

Gojim Meschichiim, Heidenchristen des Schaul Paulus

Der Pharisäer Schaul Paulus aus Tarsos (5-64 nJ) ist mit seiner Christologie und seiner zelotischen Verfolgung des ›Weges‹ (Apg 22.3-5), d.h der hillelitischen ›Schule des Weges‹, ›Bet Däräch‹ des Jehoschua bän-Joßef, ein typischer Vertreter des Bet Schammaj. Dagegen muß seine eigene Behauptung, er sei ein Schüler des Hilleliten Gamliel I gewesen (Apg 22.3) als ätiologische Legende verstanden werden, weil so die nicht bestehende Ideenverwandtschaft von Schaul und Jehoschua nachträglich ›bewiesen‹ werden sollte. So ist aus dem hilleitischen Pazifisten Jehoschua der Geschichte durch Schauls Hilfe der ›schammajitische Christos‹, der zelotisch agierende Pseudomessias der Christen geworden. Nach seiner Bekehrung ändert sich Schauls zelotisch-messianische Zielrichtung in offenem Haß und Fluch gegen die Gegner des Jehoschua (1Kor 16.22). Die menschenfreundliche Botschaft des Bet Däräch blieb unberücksichtigt. Die Herabsetzung der Juden durch Christen ist bis heute ein Problem. — Die Aufgabe der Beschneidung griechischer Proselyten und die Vergötterung des Jehoschua führte schließlich zum endgültigen Bruch mit der Synagoge.

Jehudim Meschichiim, Messiasjuden & Arme (Ebioniten)

Jaaqov bän-Joßef ha-Zaddiq (-62 nJ), der ältere Bruder des Jehoschua, übernahm nach dem Tod des Jehoschua und dem Ausscheiden von Schimon Käfa die Leitung der messiasjüdischen (fälschlich judenchristlichen) Gemeinde, die bis heute am Synagogengottesdienst

festhält. Die Reformideen des Jehoschua bän-Joßef,
Barmherzigkeit statt Gerechtigkeit bzw des Bet Däräch
wurden damit freilich aufgegeben. Die Jehudim Meschichiim sind heute eine Gruppe von 3ooo-5ooo jüdischen
Außenseitern und christlichen Irrlehrern. Die Verteufelung des Reichtums im NT ist vermutlich ihnen zuzu-
schreiben.

Bet Nääman, Schule der Verläßlichkeit, von Qumran

Seit 1947 wurden in elf Höhlen in der Umgebung von
Qirbet Qumran aramäische und hebräische Texte und
Abschriften entdeckt, die im Zeitraum von 2oo Jahren
vor bis 68 Jahren nach Jehoschua entstanden sind.
Darunter sind Abschriften fast aller biblischen Bücher,
ausgenommen das Buch Ruth. Ferner finden sich Texte
einer zelotisch-messianischen Gemeinschaft (zB: Sektenregel, Kriegsrolle), die von der Mehrheit der For-
scher mit den klösterlichen Essenern des Josephus (JK
2.8·2ff) identifiziert wurde. Wie immer man zur Identität einer hypothetischen Qumran-Bewegung und den
Essenern des Josephus, Philo und Plinius d. Ä. steht, in
der Qumran-Siedlung war nur für 15o-2oo der
3ooo-4ooo anzunehmenden Essener Platz (R.Augstein
1999). Keinen Zusammenhang zwischen den Essenern
und Qumran sieht das Neue Lexikon des Judentums 1992.

Der zelotisch-messianische Bet Nääman (CD3·19) aus
Laien, Priestern und Großpriestern, die einer strengen
Auslese durch ein dreijähriges Noviziat unterworfen
waren, wendet sich nicht nur gegen die Römer, sondern
auch gegen die mit den Römern sympathisierenden Has-

monäer, Sadduzäer, Pharisäer, Priester und Großpriester von Jerusalem. Der Bet Nääman, bzw die Nozrim ha-Brit/Nazoraija/Nazoräer/Wächter des Bundes sind eine exklusiv-esoterische Gemeinschaft mit strengen Geheimhaltungsvorschriften bezüglich der Riten und der ›Namen der Engel. Alte, Gebrechliche, Kranke, Behinderte, Frauen und Kinder durften wegen der ›Beleidigung der Engel‹ an den Gottesdiensten nicht teilnehmen (1Q28aII$^{.3-9}$). Die Teilnahme von Engeln am Gottesdienst und die Gefährdung der Frauen durch sie, behauptet auch Schaul Paulus (1Kor 11$^{.10}$). Nur der engste Kreis gehört zu den Söhnen des Lichts, die man lieben und nicht zu den Söhnen der Finsternis, die man hassen soll (1QS1$^{.11}$). — Sie glaubten an die Unsterblichkeit der Seele, aber nicht an die Auferstehung, was auf hellenistischen und sadduzäischen Ursprung hinweist. Bei ihren Reisen nahmen sie nur Waffen zum Schutz gegen Räuber mit. Die Kriegsrolle beschreibt im Einzelnen die Bedingungen und Aufstellungen der Krieger im zelotisch-messianischen Endkampf (Hermageddon).

D.Flusser sieht 1999 einen engen Zusammenhang von Jehoschua bän-Joßef, Schaul Paulus und Qumran. Doch widerspricht Jehoschua (Mt 5$^{.43-45}$) ausdrücklich dem Qumran-Gebot (1 QS 1$^{.11}$), die Feinde, bzw die Söhne der Finsternis zu hassen. Andererseits zeigen Gütergemeinschaft, Ablehnung der Ehe, des Reichtums, der Tempelopfer und des Schwörens (Josephus JK 2.8$^{.2}$) die Nähe zum Urchristentum.

Verheiratete Essener in den Ortschaften

Nach Josephus (JK 2.8.[13]) gab es neben dem zölibatä-
ren und esoterischen Orden der Essener an abgelegenen
Plätzen noch die verheirateten Essener in den Ort-
schaften. Sie waren vielleicht mit den Therapeuten
identisch, die in erster Linie nicht Heiler, sondern Beter
waren (Mt 17.[21]). Kriegsdient im politischen Sinn lehn-
ten die Essener ab. — Die Herkunft von den zadoqidi-
schen Priestern bzw Sadduzäern oder wie die der Pharisäer von den Chaβidim, den Frommen, ist strittig.

Bet Nazoraja, des Jochanan ha-Matbil & die Mandäer

Die bis heute existierende gnostische Täuferbewegung
der Mandäer, die ihre Priester als Nazoraja, Nazoräer
(Plural: Nazoraija=Mitglieder der Wächterbewegung)
und ihre Laien als Mandaja (Mandaija=Mitglieder der
gnostischen Bewegung/Wissende)bezeichnet, verehren den taufenden Jochanan bän-Secharja ha-Matbil
als Stifter und wahren Propheten, lehnen dagegen den
nicht taufenden Jehoschua bän-Joβef als falschen Propheten ab. — Das NT ordnet dagegen Jehoschua neben
dem Bet Däräch dem Bet Nazoraja zu, was möglicherweise mit der ätiologischen Tauflegende zu tun hat.

Bet Zadoq, Zadduqim, Sadduzäer

Die Schule der Großpriester Zadoq und Boethos , Bet
Zadoq oder die Anhänger der Gerechtigkeitspartei,
Zadduqim, die Sadduzäer und Boethusianer ließen im
Gegensatz zu den Pharisäern nur die geschriebene Tora
und die aktuelle Auslegung gelten. Ihre Lebensweise

war hellenistisch, ihre Denkweise antihellenistisch. Die Seele galt nicht als unsterblich und hatte nach dem Tode weder Bestrafung noch Belohnung zu erwarten. Der Mensch hatte einen freien Willen und war nicht dem Schicksal unterworfen. Opfer waren wichtiger als Gebet. Ihr Gottesbild war anthropomorph. (Josephus JK 2.8.14).

Die sogenannte Tempelaristokratie von Jerusalem, Sadduzäer, Leviten, Priester und Großpriester, war zahlenmäßig schwach, aber durch die Tempeleinnahmen finanziell weit stärker als die Pharisäer. Ihr Einfluß auf den βanhädrin, den Hohen Rat, war meist größer. Die Sadduzäer waren die entschiedensten Gegner der Messiasleute (Meschichiim) und für die Ermordung des Jaaqov ha-Zaddiq (62 nJ) und Stephanos sicher, für die des Jehoschua bän-Joβef, bzw seine Denunziation höchstwahrscheinlich verantwortlich, wobei eine möglich Rolle des Bet Schammaj unberücksichtigt bleibt. — Das Verhältnis zur römischen Besatzungsmacht war zwiespältig. Einerseits brauchten sie die Römer zur Erhaltung von ›Ruhe und Ordnung‹, da sie von den Tempeleinnahmen lebten, was besonders an Festtagen geordnete politische Verhältnisse voraussetzte, da es sich um große Menschenmassen handelte. Auch die Römer schätzten den geordneten Tempel- und Synagogenbetrieb und stifteten sogar Synagogen. Andererseits kam es auch immer wieder zu römischen Übergriffen mit Entweihung des Tempels durch heidnische Gebräuche und Symbole. — Die Sadduzäer und die Priesteraristokratie von Jerusalem galten den Sadduzäern, Priestern und Großpriestern von Qumran als korrupt.

Der kleine Jeschu

So wie Friedrich Schiller von seinen Freunden ›Fritz‹ gerufen wurde, so vermutlich auch Jehoschua bän-Joßef galiläisch-aramäisch ›Jeschu‹.

Die größten denkbaren Gegensätze sind Jehuda/Judäa mit seiner Hauptstadt Joruschalem/Jeruschalajim/Jerusalem und der Galil ha-Gojim, der Kreis der Heiden (Galiläa), mit seiner Hauptstadt Sepphoris, die im NT nicht erwähnt wird, obwohl sie nur 6 km von Nozart/Nazrat/Nazaret, der Wächterin, entfernt liegt. *»Was soll aus Nazaret Gutes kommen?«* Joh 1.[46] ist ein geflügeltes Wort. Tatsächlich brachten die Querdenker aus dem Galil, Jehuda ha-Qanna, der Zelot (Judas der Galiläer Apg 5.[37]) und Rabbi Jehoschua bän-Joßef, der pazifistische Revolutionär religiösen Denkens, jede erdenkliche Unruhe mit dem stets drohenden Eingreifen der römischen Besatzungsmacht. Und doch ist keine Zeit geistig so regsam wie die nach einem politischen Zusammenbruch: Palästina im ersten Jahrhundert und das von den Alliierten besetzte Deutschland 1945/46 als typische Beispiele.

Der Bet Megurim (Kindergarten und Vorschule) ist das Elternhaus. Lehrer sind Eltern und ältere Geschwister. Hier lernt der ABC-Schütze die ersten Buchstaben der aramäischen Quadratschrift, mit der die aramäische Umgangssprache und die hebräische Gelehrtensprache der Bibel geschrieben wurde und wird. An der Grundschule (Bet ha-Sefär), die je nach Begabung mit dem 12.-15.Lebensjahr endet, unterrichten meist ältere Schüler, am Lehrhaus dann, wie erwähnt, die Schriftgelehrten.

Die Lebensgeschichte des historischen Jehoschua im NT beginnt mit der Geschichte des ›12-Jährigen im Tempel‹ (Lk 2.42-5o), obwohl der Schüler nach damaliger Auffassung mit 12 Jahren bereits ins Erwachsenenalter und bei Hochbegabung bereits in die dritte Schulstufe, das Lehrhaus (Bet ha-Midrasch), eintrat. Im Lehrhaus waren die Schriftgelehrten seine Lehrer, gerade so wie es bei Lukas erzählt wird und am Ende wird er selbst ein Lehrer ›Rav‹ sein und mit ›Rabbi‹ angeredet werden.

Mittelpunkt des Schulsystems ist die Tora-Rolle, die wegen ihres Wertes eine vielfache Nutzung erzwingt. So wird das Lehrhaus zum Haus der Versammlung (Bet Knäßät), das allen Zwecken dient, die eine Tora-Rolle voraussetzen wie das heutige Parlament (Bet ha-Knäßät) in Jerusalem, der Bet Knäßät als Vielzweckeinrichtung von Lehrhaus, Bethaus und Rathaus. Die letzte Stufe der Gelehrsamkeit verkörpert die Akademie (1.Lehrhaus/Jeschiva), dessen verdienter Vorsitzender Naßi (Fürst/Patriarch) heißt und der 2.Tempel (Bet ha-Mikrasch).

Nach der Tora-Rolle kommen als zweitwichtigster Abschnitt des AT die Propheten (Neviim), zu denen viele Geschichtsbücher unserer Bibel zählen, obwohl die Propheten mit ihrer Kultkritik der Tora vielfach widersprechen. — Freilich ein schnelles Nachschlagen wie in einem Buch, gibt es bei der Rolle niemals. Sie ist mehr Symbol als Handbuch, zumal alle Schriftgelehrten die Tora (die 5 Bücher Mosche) auswendig können, da Auswendiglernen der Tora und aramäische Erklärungen der hebräischen Texte die Hauptaufgabe aller Schulen Jißraels war und auch heute einige Talmud-Gelehrte Tora und Talmud (Kanon außerhalb des AT) auswendig können.

Was dem Abendländer absonderlich erscheinen mag, hat in einer Tora-zentrierten Kultur enorme Bedeutung. Auch Analphabeten, die weder lesen noch schreiben können, — zumal dafür im praktischen Leben kaum Bedarf bestand, — können der Diskussion der Schriftgelehrten folgen, vorausgesetzt, ihr hebräischer Wortschatz reicht dafür aus, aber der ging damals auch bei Gelehrten kaum über den biblischen hinaus, zumal man bei philosophischen Debatten auf das Griechisch der Septuaginta ausweichen konnte.

Die Einschränkung von Reiner Riesner (1988), Jehoschua sei zwar ein Lehrer, aber kein Schriftgelehrter gewesen, ist in diesem Zusammenhang kaum verständlich, da es im 1. Jahrhundert meines Wissens diese Unterscheidung nicht gab.

Ein weiteres Problem ist der Geburtsort des Jehoschua. Das NT nennt Nazaret (hebräisch Nozart, heute Nazrat = Wächterin) und Betlehem (Bet Lächäm = Haus des Brotes), den Geburtsort König Dawids. Die Historiker weisen Betlehem meist der Legende und Nazaret der Geschichte zu. — ›Jehoschua isch-Nozart‹ = Mann aus Nazaret wäre jedoch eine herabsetzende Bezeichnung für jemand, dessen Vaternamen man nicht nennen will, so bei Jehuda isch-Karajot = Mann aus Karajot (Judas Iskariot) oder bei Frauen, zB Mirjam ischa-Magdala (Maria Magdalena). — Die Polis Nazaret (= Wächterin) verdankt ihre Entstehung möglicherweise dem später nicht mehr verstandenen Beinamen des Jehoschua Nazoraja (Mitglied der Wächter-Bewegung). Nach Bauer & Aland (1988) sind Nazoräer und Nazaret, trotz gleichem hebräischem Wortstamm ›nsr‹, sprachlich nicht voneinander ableitbar.

Im 1. Jahrhundert war die angebliche >polis Nazaret =
Stadt Nazrat< mit einer Synagoge (Mt 2·23/13·54) nur
ein Dorf mit etwa 2oo Einwohnern, das unter der heutigen Stadt Nazrat ausgegraben wurde. Da für Synagoge
und Lehrhaus ein Raum genügte, wäre das nicht unmöglich. Jedoch wird der Name Nazaret/Nazrat außerbi-
blisch zuerst um 8oo nJ genannt. Andererseits findet
Sepphoris, die Hauptstadt Galiläas und nur 6 km von
Nazaret entfernt, im NT keine Erwähnung, was die
geographischen Angaben des NT etwas in Zweifel
zieht.

Die Muttersprache des Jeschu war vermutlich Galilä-
isch-Alt-Aramäisch. In der Schule lernte Jeschu aber
Biblisch-Hebräisch. Als vermutlicher Bauhandwerker in
Sepphoris hatte er höchstwahrscheinlich Kontakt mit der
altgriechischen Koine, welche auch die Sprache der
Nichtjuden und der jüdischen Diaspora war. — Die
Vielsprachigkeit ist weniger Last als Chance, da mit
jeder Sprache auch eine eigene Denkwelt einhergeht
und neue Horizonte sich erschließen: die hebräische
Tora-Gerechtigkeit, die prophetische Tora-Kritik und
die Poesie von Psalmen und Schir ha-Schirim (Lied der
Lieder=Hoheslied) der Bibel. Dazu kommt die helleni-
stisch-griechische Septuaginta, in der die Götter ihre
Namen verlieren und zu bloßen Begriffen werden, der
Welthorizont der griechisch-semitischen Gnosis und die
lineare Logik römischen Denkens.

Fragt man nun noch einmal nach den Lehrern des kleinen Jeschu oder des großen Jehoschua, so kommen seine vermutlich pharisäischen Eltern und sein großpriesterlicher älterer Bruder Jaaqov als erste in Betracht. Hillel I ha-Saqen kann rein zeitlich kaum sein Lehrer gewesen sein, aber seine Schule, der Bet Hillel. — Der oft zu seinem Lehrer ernannte Jochanan bän-Secharja ha-Matbil (Johannes der Täufer) verfolgte kultisch eine völlig andere Linie.

Jehoschua wird Mk 6.3 ein ›Zimmermann‹ (gr.tekton), Mt 13.55 der ›Sohn eines Zimmermanns‹ genannt. Nach Bauer/Aland [6]1988 ist tekton mit ›Bauhandwerker, Zimmermann, Schreiner‹ übersetzbar. Von griechisch-römischen Verhältnissen ausgehend, behauptet J. D. Crossan 1996, daß Jehoschua deshalb ein Analphabet war. Was ist dann aber wohl von Hillel d. Ä., dem berühmtesten pharisäischen Gelehrten des Altertums zu halten, der Holzfäller war? — Da die Pharisäer keine Studiengebühren erhoben, mußten sie einen Brotberuf ausüben. Schaul Paulus war Zeltmacher (Apg 18.3). Die Tempel-Aristokratie (Sadduzäer, Priester, Leviten) lebten von den Tempeleinnahmen.

Im Hebräischen und Aramäischen heißt der Zimmermann ›Naggar‹ und es ist eine stehende Redensart im Talmud (zB Ab.Zar.5ob): »Ist vielleicht ein Naggar unter uns oder der Sohn eines Naggar?«, wenn ein schwieriges intellektuelles Problem zu lösen war. Sei es, daß die Bauhandwerker als besonders intelligent galten, oder daß Naggar nicht nur Zimmermann, sondern auch Baumeister, Meister, Künstler (M. Jastrow 19o3) und Gelehrter (A. N. Wilson 1993)‹ bedeutete.

Pharisäer - Lehrer - Rabbi

Jehoschua wird bei Mt, Mk und Joh insgesamt 11x Rabbi/Rabbuni=mein Großer angeredet, während der eigentliche Titel Rav=groß/Großer im NT nicht vorkommt. Rabbi war und ist bis heute die ehrenvolle Anrede des Lehrers. Schalom Ben Chorin meinte 1992, im 1. Jahrhundert sei nur der pharisäische Lehrer ›Rabbi‹ angesprochen worden. -- Wenn Jehoschua ein Pharisäer war, können seine ›Pharisäerbeschimpfungen Mt 12.^{38}ff/16.^{1}ff/16.^{5}ff/23.^{1}ff parr‹ nicht historisch sein, zumal sie ohnehin der unhistorischen zelotischen Biographie zuzuordnen sind.

Gelehrte und Lehrer gab es unter den Pharisäern außerhalb und unter den Priestern innerhalb des Tempels (Lk 2.^{42}ff), wobei unter den Pharisäern auch Priester waren. — Über das jüdische Schulsystem: ➡ Der kleine Jeschu :5o

Die Frage, ob Jehoschua Pharisäer war oder nicht, wird in der jüdischen und christlichen Literatur kontrovers behandelt. Tatsache ist, daß zwei Aussagen des Pharisäers Hillel I ha-Saqen auch Jehoschua im NT zugeschrieben werden, die ›Goldene Regel‹ und die Relativierung des strengen Schabbatgebotes. Die goldene Regel (Mt 7.^{12}parr) lautet: »*Alles nun, was ihr wollt, daß euch die Leute tun, das sollt auch ihr ihnen tun.*« — Zum Schabbat heißt es (Mk 2.^{27}): »*Der Schabbat ist um des Menschen willen da und nicht der Mensch um des Schabbats willen.*« — Diese Übereinstimmung spricht dafür, daß Jehoschua der Schule Hillels (Bet Hillel) angehört hat, weil eine Schabbatkritik, bzw eine Hu-

manisierung des Schabbats im ersten Jahrhundert nur bei
drei pharisäischen Schulen verwirklicht wurde: dem Bet
Hillel, dem Bet Däräch des Jehoschua und den Gojim
Meschichiim des Schaul Paulus. — Im orthodoxen Juden-
tum ist am Schabbat jede instrumentelle Hilfe für
Mensch und Tier verboten.

Die Schule Schammais (Bet Schammaj) galt im 1. Jahrhundert als gleichwertige pharisäische Schule. Schammaj ha-Saqen (5o vJ-3o nJ) war ein Zeitgenosse von
Hillel I ha-Saqen (6o vJ-1o nJ). Dem Bet Schammaj, der
Kriegspartei, gehörten Zeloten und Messiasse an, die
dem Bet Hillel, der pazifistischen Friedenspartei, feind-
lich gesinnt waren. Die zelotische Kriegspartei war
politisch revolutionär und religiös konservativ. Bei der
Friedenspartei galt das Umgekehrte. Mit der Zerstörung
des 2. Tempels (7o nJ) verschwand die sadduzäische
Priesteraristokratie. Das Amt des Großpriesters er-
losch. Alle zelotischen Bewegungen wurden von den
Römern vernichtet. -- Bestehen blieben kleine Teile
der Friedenspartei, sofern eine Bereitschaft zur Kollaboration mit den Römern bestand. Der Bet Hillel blieb
bis heute im liberalen Judentum maßgeblich.

Es stellt sich die Frage, ob der Bet Schammaj wirklich
pharisäisch und nicht sadduzäisch war, dh zum Bet Zadoq
gehörte, da er in jeder Hinsicht die entgegengesetzte
Meinung zum pharisäischen Bet Hillel vertrat. Die Zuordnung der Zeloten zum Bet Schammaj, die früher
mehrfach bezeugt ist und neuerdings die Zuordnung der
Zeloten zu den Sadduzäern, die ua Robert Eisenman
(1997) behauptet, würde mit einem sadduzäischen Bet
Schammaj kein Problem mehr sein.

Auf der anderen Seite steht die seltsame Behauptung des Schaul Paulus (Apg 22·3), Schüler des Hilleliten Gamliel I gewesen zu sein, obwohl er doch in schamma-jitisch-zelotischer Weise Anhänger des hillelitischen Bet Däräch verfolgt hatte (Apg 9·1). Dies wäre weit einleuchtender, wenn Schaul ursprünglich dem zeloti-schen Bet Schammaj oder Bet Zadoq angehört hätte.

Exkurs ([1]): Beschneidung und/oder Taufe

Nur Beschneidung:
([1])Geborene Juden, zB Jehoschua bän-Joßef = Jehudim
([2])Zum Judentum bekehrte Nichtjuden = Proselyten

Beschneidung & Taufe:
([3])Zum Christentum bekehrte Juden=Jehudim Meschi-chiim zB Schaul Paulus
([4])Durch Judaisten (=damals auf Beschneidung beste-hende messianische Juden) zum Christentum bekehrte Nichtjuden=beschnittene Gojim Meschichiim
([5])Geborene messianische Juden = heutige Jehudim Me-schichiim
([6])Durch heutige messianische Juden bekehrte Nichtju-den
([7])Zum Judentum bekehrte Christen, zB Walter Homolka

Nur Taufe:
([8])Geborene Christen = Nozrim
([9])Durch Hellenisten (nicht auf Beschneidung bestehe-nde messianische Juden) zum Christentum bekehrte Nichtjuden=unbeschnittene Gojim Meschichiim

Schülerinnen & Schüler

Die zwölf, ausschließlich männlichen Apostel — als Repräsentanten der zwölf Stämme Jißraels —, die Aufforderung zum Verbrechen des Schwerttragens (Lk 22.[36]), das nicht selten mit der Kreuzigung bestraft wurde (P.Lapide [2]1987) und die abfälligen Äußerungen des Jehoschua über seine Mutter und seine Geschwister (Mt 12.[48]ff) sind der unhistorischen zelotisch-messianischen Verfremdung zuzuordnen. Der historische pazifistische Rabbi hatte Schülerinnen und Schüler, darunter vielleicht auch seine Mutter, seine Schwestern und Brüder, die in der späteren Urgemeinde eine so große Rolle spielten. Die Erwähnung von drei Frauen mit Namen Mirjam läßt an seine Mutter Mirjam, seine Schwester Mirjam benot-Joßef und an Mirjam ischa-Magdala (Maria Magdalena) denken. So heißt es im apokryphen Philipper-Ev.[32.55]: »*Drei Frauen hatten ständig Umgang mit dem Herrn: Mirjam, seine Mutter, seine Schwester und Magdalena, die seine Gefährtin genannt wird. Seine Schwester, seine Mutter und seine Gefährtin heißen nämlich Mirjam... Der Erlöser liebte Mirjam ischa-Magdala mehr als alle Schüler und er küßte sie oftmals auf ihren Mund*« — Von einer Schülerin Mirjam ist auch Lk 1o.[42] die Rede.

Jaaqov bän-Joßef ha-Zaddiq (Jakobus der Gerechte) könnte als jüngerer Bruder des Jehoschua sein Schüler oder als älterer sein Lehrer gewesen sein, zumal er später nach Schimon Käfa (Simon Petrus) der Leiter der Urgemeinde war. Ähnliches gilt von Jehuda bän-Joßef (Judas). Die Zuschreibung des Jaaqov- und Jehuda-Briefes ist aber strittig.

Als einziger unter den Schülern ist Schimeon bar-Jochanan (Simon Petrus Joh 1·^{42}), genannt Käfa (der
Fels/Petrus Mt 16·^{18}) und Barjona (Räuber/Zelot Mt
16·^{17}) als Persönlichkeit im NT faßbar: Schimeon war,
wie sein Bruder Andreas, Fischer (Mt 4·^{18}), was nicht
ausschließt, daß er Schriftgelehrter war (R.Riesner
1988). Beiläufig erfahren wir, daß er verheiratet war
(Mt 8·^{14}). Er hielt Jehoschua für den Messias (Mt 16·^{16})
und Jehoschua beschimpft ihn (Mt 16·^{23})als ›Satan‹.
Fast alles, dem Schimeon (=Hyänenhund) Zugeschrie-
bene fügt sich nur in die zelotisch-messianische Verfremdung ein, in der für Schülerinnen allerdings kein
Raum ist.

Namentlich bekannt von den Schülern sind, außer den
genannten Schimeon & Andreas bane-Jochanan, noch
Jaaqov & Jochanan bane-Savdiel (Söhne des Zebedäus)
bane-Roges (Söhne des Zorns Mk 3·^{17}), Netanel bar-
Talmaj (Bartholomäus), Jaaqov bar-Chalpaj (Sohn des
Alphaios), Jehuda bar-Schimeon isch-Qarajot (Judas
Iskariot), Philippos, Mattanjah (Matthäus), Toma (Thomas), Taddaj (Thaddäus) und Schimeon Qannaj (der Zelot Mk 3·^{18}). — Zelotische Beinamen, zumindest An-
spielungen finden sich bei mehreren Schülern.

Für den Leser des griechischen oder deutschen NT erscheinen die Namen Andreas und Philippos zunächst nicht
griechischer als Alphaios und Thaddaios. Doch sind die
beiden ersteren rein griechische Namen und die beiden
letzten gräzisierte semitische Namen. Philippos und
Andreas signalisieren durchaus eine griechische Fami-
lientradition und werden bei einer griechischen Anfrage
zugezogen (Joh 12·^{20}ff).

Arzt — Exorzist — Heiler

Der Arzt, von griechisch ›archiatros‹, eigentlich Oberarzt, ist dem Namen und der Sache nach griechischen Ursprungs, ein Schulmediziner, den aber nur wenige Wohlhabende konsultieren konnten. Die Behandlung der weniger begüterten Mehrheit lag in den Händen der ebenfalls akademisch gebildeten schriftgelehrten Priesterschaft. Daneben gab es einzelne, nicht organisierte, meist pharisäische Heiler und Exorzisten. Der noch heute geübte Exorzismus setzt Dämonen und Teufel voraus, von denen Menschen besessen sein können. Heute wird der Exorzist eher als Psychotherapeut verstanden, oder, da es die Psyche ebensowenig gibt wie den Dämon, als Verhaltenstherapeut.

Der Arzt, griechisch ›iatros‹, kommt im sprichwörtlichen Zusammenhang mit Jehoschua (Lk 4.23) vor. Doch meint Arzt hier weniger den akademisch gebildeten Heilkundigen als einen Menschen, der anderen helfen kann. Wir lesen Mk 6.4-6, daß nicht nur der Prophet, sondern auch der Heiler daheim wenig bis nichts gilt. Das trifft auf die Schulmedizin aber ebenso zu. Machen wir doch nicht selten die Erfahrung, daß einem Patienten die falsche Behandlung vom Arzt seines Vertrauens mehr hilft als die richtige von einem Arzt, dem sein Vertrauen nicht gehört. — Ein organisch schwer erkrankter Medizinstudent im 2o. Jahrhundert, bei dem eine Universitätsklinik keinen Rat mehr wußte, wurde durch einen befreundeten studentischen Kollegen mittels Homöopathie völlig geheilt, was ein Medizinprofessor als Beleidigung seines naturwissenschaftlichen Denkens empfand, da der Begriff ›Wunderheilung‹ angebracht war.

Trotz der gigantischen Fortschritte der Medizin vom 1. zum 21. Jahrhundert ist das Vertrauen des Patienten zu seinem Arzt heute nicht weniger wichtig als damals. Auch wenn man heute viel mehr erklären kann, nimmt die Menge des Unverständlichen, dh Unerklärbaren eher noch zu. Erst heute wissen wir, was wir alles nicht wissen und vermutlich niemals wissen werden. — Als Wunder erlebte Heilungen verwandeln den Heiler in einen Übermenschen, Halbgott oder Gott, dem zuletzt immer wunderbarere Wunder zugeschrieben werden.

Höchstes Ansehen hatte im 1. Jahrhundert nicht der Gelehrte, hebräisch Rav, Großer, Anrede Rabbi, sondern der Wundertäter, aramäisch Mar, Anrede Mari, griechisch ›kyrie‹, Allherr. Rabbi u-Mari, Meister und Allherr, das war die Anrede der drei Großen der Zeitwende: Choni Maggel (vor 63 vJ), Jehoschua bän-Joßef (7 vJ-32 nJ) und Chanina bän- Doßa (um 7o nJ). Choni und Jehoschua redeten Jachwä mit Abba, Väterchen, an. Sie standen mit den Schriftgelehrten ihrer Zeit auf Kriegsfuß und starben wegen ihrer Redlichkeit eines gewaltsamen Todes.

Analysiert man die 24 Heilungen des Jehoschua im NT, so kann man unterscheiden: Heilungen durch das Wort (zB Mk $3.^{1-6}$parr), durch Vertrauen (zB Mk $5.^{21-34}$parr), durch ›Handreichung/Behandlung‹ (zB Mk $1.^{4o-45}$parr), durch die Stellung des Heilers (zB Mk $1.^{29-31}$parr) und durch Speichel (zB Mk $7.^{31-37}$). Da wir aber das ursprüngliche medizinische Geschehen von der laienhaften neutestamentlichen Beschreibung nicht trennen können, hilft dies wenig. Das gilt noch mehr von den genannten Krankheiten, deren aramäische und hebräische, ins Griechische übersetzte Phantasienamen wenig hilfreich sind, da die Übersetzung in heutige medizinische Begriffe sehr unsicher ist.

Man hat Jehoschua einen >charismatischen Heiler< genannt, womit man den altertümlichen Begriff >Wunder< vermeidet, bzw durch den Begriff >Charisma< ersetzt, was wissenschaftlicher und moderner klingt, obwohl mit Charisma das >Gnadengeschenk Gottes< bezeichnet wird und mit Charismatiker derjenige, der solche Gnadengeschenke vermittelt.

Der Heiler, sei er nun Schulmediziner oder Exorzist, braucht etwas Unbeschreibliches, dem wir uns anvertrauen. Dieses Unbeschreibliche haben Choni, Jehoschua und Chanina wohl besessen, zum Segen derer, die ihnen vertrauten. Die Vermittlung solcher göttlichen Gaben haben zur Apotheose, dh zur Vergöttlichung, des Jehoschua entscheidend beigetragen.

Prophet — Reformer — Revolutionär

Die jüdische Religionsgeschichte weist einige Brüche, Unstetigkeiten, Revolutionen auf, vielleicht mehr, als die glättende Geschichtsschreibung zugeben möchte. Die erste blutige Revolution, von der noch zahlreiche Spuren im AT erkennbar sind, war der Übergang vom kanaanäischen Polytheismus zum Jachwä-Monotheismus verbunden mit der Sublimation des Menschenopfers zum Tieropfer. Die zweite gedankliche Revolution war die prophetische Kritik am blutigen Tieropfer im Tempel. Sie vollzog sich erst mit der Zerstörung des zweiten Tempels durch die Römer, 7o nJ. Die dritte Revolution war die Einführung einer mündlichen Tora, außerhalb des Bibeltextes, durch die Pharisäer, mit der zugleich hellenistische Elemente, wie Engel, Teufel, Dualismus, Auferstehung und ewiges Leben in die enge priesterlich-sadduzäische Welt der geschriebenen Tora Einzug hielten.

Die vierte, zugleich zweite prophetische und zweite pharisäische Revolution, der Bet Däräch des Rabbi Jehoschua bän-Joßef wurde von jüdischen Gelehrten zuerst am Ende des 2. Jahrtausends wahrgenommen: die Aufgabe der Speisegebote zugunsten eines mitmenschlichen Verhaltens und damit die Überwindung magischer Überbleibsel der Frühzeit. Die jüdische Orthodoxie, der jüdische Fundamentalismus, ist jedoch seit über 2ooo Jahren der entschiedenste Gegner prophetischer und pharisäischer Reformideen.

Salman Chen (1929-) schreibt in Derachim Laschamajim (Wege zum Himmel) 1972: »*Der Weg zu Gott führt, nach Jeschua, durch den Glauben des Herzens und die totale, selbstlose Liebe, nicht durch die Einhaltung schwieriger Gebote in all ihrer pharisäischen Genauigkeit... Man darf also am Schabbat Ähren raufen und Kranke heilen... Das Judentum hat keinen Weg zu einer ähnlichen Universalisierung seines Glaubens und seines Lebens gefunden... Indem er (Jeschua) festlegte, daß ›nicht das, was in den Mund eingeht, sondern das, was aus dem Mund herauskommt, den Menschen verunreinigt‹, hat er eine neue Grundlage für die Speisegesetze geschaffen: medizinische, moralische und ästhetische Richtlinien anstelle von Tabus... solches Umdenken, das die Reformideen des Jeschua kennzeichnet, ist dringend nötig...*« (übersetzt von Pinchas Lapide [3]1988)

Die fünfte und zugleich dritte pharisäische Revolution sind die Gojim Meschichiim, die Heidenchristen des Pharisäers Schaul Paulus, die Stiftung des messianischen magisch-sakramentalen Heidenchristentums mit einer deutlich judenfeindlichen-zelotisch-aggressiven Entwicklung. Schaul beruft sich nicht auf den historischen Jehoschua, sondern auf den mystischen Messias (Christos).

Steinigung oder Kreuzigung ?

Ob Jehoschua gekreuzigt wurde, wie das NT meint (Mt 27.^{31}ff) oder gesteinigt, wie der Talmud behauptet (Sanh 43 a Bar), ist eine offene Frage. Für die Historizität der Kreuzigung spricht, daß das NT verzweifelte Anstrengungen unternimmt, die Römer, insbesondere den Präzeptor Pontius Pilatus, von der damals überwiegend römischen Hinrichtungsart der Kreuzigung rein zu waschen.

Für die rein jüdische Steinigung spricht aber ebenfalls, daß die Juden keine Veranlassung hatten, die Alleinschuld für die Hinrichtung auf sich zu nehmen, ferner, daß auch Choni Maggel, ›Onias der Gerechte‹ genannt (Josephus JA 14.2.^{1}), der dem Jehoschua geistig sehr verwandt war, Stephanos (Apg 7.^{54}ff) und Jaaqov bän-Joßef ha-Zaddiq, der Bruder des Jehoschua , gesteinigt wurden, wobei stets spontane oder von Sadduzäern gesteuerte Lynchjustiz zu vermuten ist, da die Juden unter römischer Besatzung keine offiziellen Hinrichtungen durchführen durften.

Mit dem Tod des Jehoschua eng zusammen hängt auch die Schuldfrage. NT und Talmud geben den Juden die Alleinschuld, während viele Historiker den Römern die Alleinschuld geben und der heutige Laie eher dazu neigt, sadduzäische Denunziation und römische Hinrichtung, also eine Schuld zweier Parteien anzunehmen.

Für das Christentum scheint die Kreuzigung › unaufgebbar‹ zu sein, so eng ist sie mit der Symbolik und der ›Kreuzestheologie‹ verbunden. Eine offene Diskussion der Frage ist also unmöglich.

Die Kreuzigung war ursprünglich eine reine iranische Hinrichtungsart, die später von den Römern ausschließlich für nichtrömische Aufständische, dann aber auch von Juden gegen Juden als reine Terrormaßnahme angewandt wurde. So ließ der hasmonäische jüdische Priesterkönig Jochanan Hyrkan I (135-1o4) 8oo Pharisäer kreuzigen (➡ :42). Der römische Ritter und Präzeptor Pilatus ließ allerdings »...während dem Jahrzehnt seiner Amtszeit nach konservativer Schätzung rund 6ooo Juden kreuzigen...« (Pinchas Lapide 1987).

Kreuzigung und Steinigung sind wie Rädern und Pfählen weniger Hinrichtungsarten als Todesfoltern. Aber die Kreuzigung ist von allen die grausamste, langdauernste und quälenste. — Jede Darstellung und Beschreibung beschönigt. Der Kruzifix in der Kirche wird nur durch Glorifizierung, Ästhetisierung und Abstrahierung erträglich.

Bruder: Jaaqov bän-Joßef ha-Zaddiq

Jakobus, Josefs Sohn, der Gerechte ist der Bruder des Jehoschua, der hochstwahrscheinlich nach dem Tod des Jehoschua und dem Verschwinden von Schimon Käfa der Leiter der Jehudim Meschichiim, der Messiasjuden von Jerusalem war, von denen die späteren Ävjonim, Ebioniten, >die Armen< ihren Ausgang nahmen. Im Gegensatz zu seinem revolutionär-pazifistischen Bruder Jehoschua, der >Chuzpe und Barmherzigkeit< an die Stelle der Gerechtigkeit gesetzt hatte, hielt Jaaqov der Gerechte, wie schon sein Name sagt, an der traditionellen jüdischen Gerechtigkeitslehre fest, da alle messianischen Bewegungen konservativ waren. — Die heute etwa 3ooo Jehudim Meschichiim von Jeruschalajim warten mit Milliarden Christen noch im 21. Jahrhundert auf die Wiederkunft des Jehoschua als Messias.

Jaaqov wird zusammen mit Schimon Käfa und Jochanan bar-Savdiel (Gal 1.19/2.9) als >Säule< bezeichnet und gilt (Apg 21.18) vermutlich (44-62) als Vorsteher der Gemeinde. Clemens von Alexandria (15o-215) bezeichnet Jaaqov bän-Joßef als Gerechten. Hegesippos berichtet (um 18o nJ), daß Jaaqov als Einziger Zugang zum Allerheiligsten hatte, dh Großpriester war. Er trank keinen Wein, aß kein Fleisch und schor niemals sein Haar, hatte also ein Nasiräatsgelübde auf sich genommen und war damit Nasiräer. So muß man wohl annehmen, daß Jaaqov der ältere Bruder von Jehoschua und sein pharisäischer Lehrer war. Nach Eusebios von Caesarea (26o-339) wurde Jaaqov 62 nJ auf Veranlassung des Großpriesters Ananias als Irrlehrer gesteinigt.

Choni & Chanina

Rabbi Choni Maggel und Rabbi Chanina bän-Doβa sind die eigentlichen Geistesverwandten des Rabbi Jehoschua als Lehrer, Propheten, Heiler und Wundertäter. Alle drei haben ein ausgeprägtes Sohnesverhältnis zum Abba (Väterchen) Jachwä, das ihre Zeitgenossen besonders stark beeindruckte.

In letzter Zeit haben sich zwei römisch-katholische Außenseiter mit Choni und Chanina beschäftigt: Hans Küng, der zur evangelischen Fakultät umhabilitierte katholische Theologe (*Das Judentum* 1991) und Geza Vermes, der zum Judentum konvertierte katholische Historiker (*Jesus der Jude* 1993). -- Nach G. Vermes steht der Wundertäter als Mar = Herr noch über dem Gelehrten Rav = Meister und wurde nicht selten von anderen Gelehrten zu Hilfe geholt, besonders bei medizinischen Problemfällen. Aus heutiger Sicht war der Rav der Doktor und der Mar der Professor. Die beste Illustration sind die beiden Kollegen des Jehoschua bän-Joβef, der ältere Choni Maggel (vor 63 vJ) und der jüngere Chanina bän-Doβa (um 7o nJ), die vermutlich alle drei ›Rabbi u Mari‹ = Meister und Herr angesprochen wurden.

Das Gemeinsame der drei Heiler war ihre Gottesbeziehung, ihr grenzenloses Vertrauen in Abba Jachwä, das sich auf die Kranken übertrug.

Der Exorzismus hört dabei auf, das eigentliche Problem zu sein und wird zur Interpretation einer Glaubensheilung, die Vertrauensheilung ist, wie sie sich von der im 21. Jahrhundert in nichts unterscheidet. Vertrauen in scheinbar auswegloser Lage ist das eigentliche Wunder, das immer selten, aber auch heute möglich ist.

Rabbi Choni Maggel, der Kreiszieher, auch ›Onias der Gerechte‹ genannt, erinnert uns an den Kreiszieher Jehoschua (Joh 8·6-8). Choni wirkte vor 63 vJ in Jerusalem. - Man bat ihn um Regen zu beten. *»Er betete, und es regnete nicht. Was tat er ? Er zog einen Kreis, stellte sich hinein und sagte vor ihm : Herr der Welt, deine Kinder haben sich an mich gewandt, weil ich wie ein Haussohn bin vor dir. Ich schwöre bei deinem großen Namen, daß ich mich nicht von hier rühre, bis du dich deiner Kinder erbarmst. Es begann zu nieseln. Er sagte : Nicht darum habe ich gebetet, sondern um Regen für Zisternen, Gruben und Felshöhlen. Es begann zu stürmen. Er sagte : Nicht darum habe ich gebetet, sondern um Regen des Erbarmens, des Segens und der Gabe. Es regnete normal.«* (m Ta·an 3·8) -- Auch Jehoschua war über den Sturm ärgerlich (Mt 8·26-27).

Chonis *»Verhalten Gott gegenüber erscheint unverschämt (Chuzpe!), und es wurde in der Tat von den Autoritäten seiner Zeit wie von jenen der späteren Orthodoxie mißbilligt. Dennoch verglichen letztlich auch seine rabbinischen Kritiker das Verhältnis des Heiligen zu Gott mit dem eines lästigen und verzogenen Kindes zu einem liebenden und langmütigen Vater.«* -- Der führende Pharisäer in Chonis Tagen, Schimeon bän-Schetach, wagte es nicht, Choni zu exkommunizieren. (nach G. Vermes 1993)

Da sich Choni weigerte, im politischen Streit zwischen Hyrkanus II und Aristobul II mit einem Fluch gegen den letzteren einzugreifen, wurde er von der Menge gesteinigt. -- In der Midrasch Rabba heißt es: *»Keiner kam Elija oder Choni dem Kreiszieher gleich, die die Menschheit dazu brachten, Gott zu dienen.«* (BerR 13·7)-- Auch Jehoschua wird mit Elija verglichen (Mt 11·14).

Rabbi Chanina bän-Doßa (Dositheos) lebte 7o nJ und stammte aus Arab, nur 1o km vom heutigen Nazrat/Nazaret entfernt. Er gilt als Schüler von Jochanan bän-Sakkai, dem Gründer der Akademie von Javne, der Chanina als › besonderen Sohn Gottes‹ bezeichnete, weil er Jachwä, wie Jehoschua, mit › Abba‹ anrief. -- Eine Giftschlange, die Chanina biß, während er betete, richtete nichts aus und starb selbst an dem Biß (vergleiche Mk 16·18). -- Chanina war besonders als Heiler gesucht, lebte aber, sehr zum Verdruß seiner Frau, in völliger Armut. Er erweckte trotzdem Neid und Mißgunst der pharisäischen Repräsentanten seiner Zeit, zumal er wie Jehoschua die Tora teils verschärfte, teils abmilderte. -- Chanina spürte, wie Jehoschua , wenn eine Heilkraft von ihm ausging (vergleiche Mk 5·3o), nach G. Vermes 1993 und H. Küng 1991.

Lau – Kung – Gotama – Jehoschua – Abul Qasim

Meister Lau (Laotse=alter Meister), Meister Kung (Kung-Fu-Tse=ehrwürdiger Meister Kung/Konfuzius), Gotama (Buddha=Erleuchteter), Rabbi Jehoschua (Christos=Gesalbter=Messias) und der Prophet Abul Qasim (Muchammad=Gepriesener) sind die fünf herausragenden Menschen, die mehr bewirkt haben als alle anderen Menschen zusammen. Deshalb wurden sie von ihren Anhängern, oft gegen ihren erklärten Willen, zu Übermenschen, Halbgöttern und Göttern erhoben.

Im konfuzianischen, buddhistischen und christlichen Fundamentalismus gelten die jeweils vier anderen als Götzen oder Nichtse, d.h sie werden ignoriert. Dagegen gilt im Kor·an Jehoschua als vorletzter und Abul Qasim als letzter Prophet. Im hinduistischen und buddhistischen Liberalismus (einen hinduistischen Fundamentalismus hat es nie gegeben, sondern fünf sich widersprechende Orthodoxien) sind Gotama und Jehoschua Halbgötter (Prabhu) neben dem Weltgott Brachma. Im christlichen Liberalismus sind alle Fünf Menschen. – Eine Schulrichtung der fundamentalistisch-buddhistischen Kyoto-Theologie identifizierte im 2o.Jahrhundert, unter dem Einfluß von Martin Heidegger, der auch die christlich-dialektische Theologie R.Bultmanns beeinflußte, Gotama und Jehoschua. (Fritz Buri: *Der Buddha-Christus als der Herr des wahren Selbst - Die Religionsphilosophie der Kyotoschule und das Christentum*, Bern 1982).

Die Weltreligionen (globaler Anspruch/provinzieller Zuschnitt) haben mit der Gleichsetzung ihrer Götter (Buddha & Christus — Schaddaj & El & Jachwä) weniger Probleme als mit dem Widerspruch ihrer Lehren. Der Hindu Gotama und der Pharisäer Jehoschua wissen um die Wiedergeburt. Gotama will ihr ins Verwehen (Nirwana) entfliehen. Jehoschua fürchtet nichts mehr als das Verwehen, den zweiten Tod.

Der progressive Rabbi J.Magonet machte sich den Dialog der avrahamitischen Religionen (Judentum/Christentum/Islam) zur Lebensaufgabe. Einfacher ist der Dialog liberaler Christen mit den vedischen Religionen (Hinduismus/Sikhismus/Buddhismus). Dem vedischen Polytheismus, der christlichen Heiligenverehrung entsprechend, begegnet man fast nur auf der Ebene der Volksfrömmigkeit, während unsere Gesprächspartner immer Monotheisten waren. — Unsere Bedenken, 1967 einen Schiwa-Tempel bei Srinagar/Kaschmir zu betreten, zerstreute der Hindupriester mit dem Satz: *»Es gibt nur einen Gott.«* — Im Buddhismus wird ›Lord Jesus‹ nicht selten als Inkarnation von ›Lord Buddha‹ verstanden. Mein Kollege Dr.RC fand 1968 bei dem buddhistischen Abt des höchstgelegenen Klosters Thyangboche/Nepal-Himalaya (3876 m ü.M.) großes Interesse am NT und ließ ihm ein tibetisches NT zukommen. Drohung und Gewalt gegenüber Kindern sind in Nepal unbekannt. Ein Kind, dessen Mutter im Krankenhaus starb, wurde von der Mutter einer buddhistischen Krankenschwester zu 9 eigenen Kindern, adoptiert.

Gerade mit ihren Widersprüchen sind sie unsere Lehrer und Freunde, unsere ewigen Zeitgenossen: Meister Lau, Meister Kung, Gotama Buddha, Rabbi Jehoschua, Abul Qasim Muchammad.

Rabbi Jehoschua: *Botschaften*

Bet Däräch — die Schule des Weges

Das hebräische Wort ›Bet‹ bedeutet: Haus/Ort/Schu-le/Schulrichtung und entspricht im griechischen NT ›hairesis‹. Erst bei den Kirchenvätern, die nur noch ei-ne Schulrichtung als Rechtgläubigkeit, Orthodoxie aner-kannten, bekommt hairesis/Häresie den Charakter des Irrglaubens, der Irrlehre.

Mit Genehmigung des griechisch-orthodoxen Patriarchen von Konstantinopel/Istanbul besuchte der evangelische Pfarrer RT 1999 einige Klöster auf dem Berg Athos und nahm an ihrem Leben und dem achtstündigen Gebet teil. Nur von der Eucharistie blieb er als ›Häretiker‹ ausge-schlossen. Ein katholischer Priester wäre als bloßer ›Schismatiker‹ der weströmischen Kirche von der oströmischen Orthodoxie etwas gnädiger beurteilt wor-den.

Doch ist ›Häretiker‹ der höchste Ehrentitel für jeden Verehrer des Jehoschua bän-Joßef, denn dieser war als Stifter der pharisäischen ›Schule des Weges‹ (Bet Dä-räch/hairesis kata tän hodon Apg 24.14) und als angebli-ches Mitglied der ›Schule der Nazoräer‹ (Bet Nazora-ja/hairesis ton Nazoraion Apg 24.5) nach Meinung des griechischen Neuen Testaments (NT) selbst zweifacher Häretiker.

Zur Zeit des NT kannte man Schulrichtungen (Bet/hai-resis) bei Philosophen, bei Pharisäern (Apg 15.5/26.5) waren es der Bet Hillel, der Bet Däräch und der Bet Schammaj und bei Sadduzäern (Apg 5.17) der Bet Zadoq von Jerusalem und der Bet Nääman von Qumran.

Der Bet Däräch, die Schule des Weges des Jehoschua bän-Joβef, ist eine reformjüdische Schule, die vom pazifistischen Bet Hillel, der Schule des Pharisäers Hillel I ha-Saqen herkommt. Der Bet Hillel sah, besonders nach der Zerstörung des 2. Tempels in der Absage gegenüber allen zelotisch-messianischen Gewaltsamkeiten, die einzige Möglichkeit, das pharisäische Reformjudentum, ausgehend von der Akademie in Javne, weiterzuführen. Der Bet Hillel wird vermutlich auch im dritten Jahrtausend neben der Minderheit der sadduzäischen jüdischen Orthodoxie maßgeblich sein.

Auch das Christentum nahm von einer pharisäischen Reformbewegung, den Gojim Meschichiim, den Messiasheiden des Schaul Paulus, seinen Ausgang. Die Vergötterung des Stifters Jehoschua führte den endgültigen Bruch mit der Synagoge herbei. Eine kleine Minderheit, die Jehudim Meschichiim, die Messiasjuden (fälschlich >Judenchristen< genannt), blieb in der Synagoge und verehrt Jehoschua als gekommenen und wiederkommenden Messias.

Der nicht-messianische Bet Däräch blieb nach dem Tod des Jehoschua (2 vJ-32 nJ) zunächst scheinbar folgenlos. Choni Maggel (-63 vJ), der Wundertäter, der wegen seiner politischen Abstinenz von der Menge gesteinigt wurde, und Chanina bän-Doβa (um 7o nJ), der Heiler, die ein ähnlich enges Vater-Sohn-Verhältnis mit Jachwä verband, könnten ideengeschichtlich dem Bet Däräch als Vorläufer und Nachfolger zugerechnet werden. Später liegen die messiaskritischen osteuropäischen Chaβidim und die kultkritische Gesellschaft der Freunde (Quäker) auf dieser Linie.

Die progressiven Reformjuden des 2o. und 21. Jahrhunderts, z.B. Schalom Ben-Chorin (1913-1999), Pinchas Lapide (1922-1997), Salman Chen (٭1926) und Walter Homolka (٭1964), lassen sich als jüngere Brüder des Jehoschua und seines Bet Däräch begreifen. Außerhalb des Judentums tun sich ein Hindu wie M.K.Gandhi (1869-1948) oder der buddhistische Abt des Klosters Thyangpoche im Himalaya oft leichter als ein Christ im Geröll der Geschichte.

Jehoschua bän-Joßef der Prophet des 3.Jahrtausends?

Doch so glatt geht unser Wunschdenken nicht auf. Zwar erlaubt es nicht nur der Jakobus-Brief durchaus, der Ethik einen höheren Wert beizumessen als der Religion, dem Glauben. Aber mit der radikalen Ethik verbinden sich readikale Vergeltung im jüngsten Gericht, ewiges Leben der Guten und ewige Verdammnis, ewige Pein der Bösen, von Allversöhnungslehre keine Spur (Mt 25.31-46).

Rabbi Jehoschua bringt in die leichtfüßige Lebensphilosophie des 21.Jahrhunderts den Ernst jüdischer Gottsucher vor und nach Auschwitz zurück.

Barmherzigkeit ist die Chuzpe des Jachwä

Chuzpe, jiddisch: Chuzpo, aramäisch: Chuzpa, griechisch: anaitheia bedeutet Zudringlichkeit, bewundernswerte Frechheit, Unverschämtheit, das bewußte sich Hinwegsetzen über die Regeln der Gerechtigkeit.

Das Wort anaitheia = Chuzpe kommt im griechischen NT nur einmal vor: Lk 11·8 — Der aramäische Wortstamm Chuzpa findet sich an dieser Stelle in der antiken aramäischen Übersetzung des NT (der Pschitta des 2.-5. Jahrhunderts nJ), in einer modernen hebräischen Übersetzung von 1986 und im >jüdischen NT< von D. H. Stern (engl. 1989/deutsch 1994). In der Konkordanz heißt es wörtlich: »*Chuzpah Dreistigkeit, Mut, Kühnheit, Unverschämtheit, Frechheit; bis hin zu einem bewußten >auf die Nerven gehen< wenn es die Situation erfordert (Lk 11·8).*« — Die Chuzpe wird im Zusammenhang mit Jehoschua außerdem von Geza Vermes in *Jesus der Jude* (1993) thematisiert: »*Ich habe bereits den Charismatiker Choni... erwähnt und seine unverschämte Bedrängung Gottes in der Frage einer langen Dürreperiode... > Unverfrorenheit (chuzpa) hat ihre Nützlichkeit sogar beim Himmel<, heißt es im Talmud (bSanh 1o5a).*«

Rachamim (Barmherzigkeit), Emuna (Vertrauen) und Chuzpa (Zudringlichkeit) sind die Kardinaltugenden des Jehoschua. Doch ist letztere immer an der Grenze zum Ungehorsam. Sie kann nur ein allerletztes Mittel sein, das den Kindern dem Vater gegenüber zusteht.

Während Barmherzigkeit die Tugend Gottes und des reichen Vorgesetzten ist, stellt Jehoschua die Chuzpe als Tugend des Menschen in seiner Rolle als armer Untergebener Gottes dar. Die aufdringliche Witwe (Lk 18·2ff), der betrügerische Verwalter (Lk 16·1ff) und der nächtliche Störenfried (Lk 11·5ff), wo Martin Luther (1545) vom »unverschamten geilen« spricht.

Die genannte Stelle des babylonischen Talmud nimmt Bezug auf die Bileam-Geschichte (Num 22·12ff): wenn Bileam in unverschämter Hartnäckigkeit immer wieder versucht, Jachwä und seinen Engel zu überreden. Aber die Chuzpe des Bileam, des Choni Maggel und des Jehoschua bän-Joßef ist eine religiöse Gratwanderung, heißt es doch im gleichen Talmud (Sanh 1o·1) von einem gewissen »Jeschua« in Bezug auf Num 31·8.16 : »Er war kein Jeschua (=Retter), sondern ein Bileam (von Balaam=Verwirrer)«, und das genügte für das Todesurteil durch Steinigung.

Doch ist die Barmherzigkeit des Überlegenen, die dem letzten Arbeiter zuerst und dem ersten Arbeiter zuletzt den gleichen Lohn zahlt (Mt 2o·1ff) oder dem verlorenen Sohn überschwenglich und dem fleißigen Haussohn nur das Übliche gibt (Lk 15·11ff), nicht weniger verwirrend, schockierend und empörend, stellt sie doch bürgerliche Konventionen und Gerechtigkeitsempfinden auf den Kopf. Sie erschüttert die Sicherheit des Gerechten und erhöht die Chance des Verlorenen unendlich: Barmherzigkeit ist die Chuzpe des Jachwä.

Galt die Tora-Gerechtigkeit im Zeitalter des zweiten Tempels als verläßlicher Maßstab, als gültige Währung zwischen Jachwä und den Menschen wie das Geld zwischen Reichen und Armen, so stellt Jehoschua das Verläßliche infrage, setzt Chuzpe und Barmherzigkeit an die Stelle der Gerechtigkeit. Menschenbild und Gottesbild erfahren tiefgreifende Veränderungen.

Das oft überstrapazierte Wort ›Liebe‹ vermeide ich bewußt und setze dafür ›Barmherzigkeit‹. Das gilt von Jachwä ebenso wie vom Menschen. — Über die Beziehung von Barmherzigkeit und Liebe zur Gerechtigkeit fand wieder einmal Klaus Wengst (1999) die klarsten Worte: *»Gerechtigkeit ohne Liebe wird kalt und ist nicht davor geschützt, schließlich zur tötenden Gerechtigkeit zu werden. Liebe ohne Gerechtigkeit auf der anderen Seite wird blind gegenüber dem faktischen Unrecht werden.«*

Lobenswerte Unterschlagungen (Lk 16·1-8)

Eine unmoralische Geschichte? Keine der Geschichten
und Gleichnisse des NT macht die Moralvorstellungen
des Jehoschua so zum Problem wie dieser Text. Ein
betrügerischer Verwalter wird ertappt. Seine Kündigung steht unmittelbar bevor. Um Freunde für später zu
gewinnen, begeht der Verwalter weitere Unterschla-
gungen. Wörtlich heißt es dann: *» Und es lobte der
Herr den ungetreuen Verwalter, daß er klug gehandelt
habe.«* (Lk 16·1-8) Zu allem Überfluß folgt im Text
noch eine praktische Nutzanwendung auf das Reich
Gottes: *Machet euch Freunde mit dem ungerechten
Mammon, damit man euch, wenn er zu Ende geht, in die
ewigen Zelte aufnimmt.«* (Lk 16·9)

Der Verwalter betreibt › betrügerische Altersvorsor-
ge‹, die gelobt wird. Auch ein Platz im Reich Gottes
kann mit Geld erkauft werden. Ist es nicht genau das,
was Martin Luther an Tetzels Ablaßhandel anpranger-
te? — Ich nehme diesen Text als Test biblischer
Kommentare. Relativ glimpflich kommt man davon, wenn
man, wie der christliche Theologe Rainer Riesner
(³1988) oder der zum Judentum konvertierte Historiker
Geza Vermes (1993), den Text einfach ausläßt, der wie
ein Fels in der wässrigen Brandung der Interpretationen
liegt. Der Theologe Klaus Berger (1995) läßt sich auf
den Text ein. *» Dieser Text ist ein sogenanntes Skan-
dalgleichnis... Auch hier, wo es ernst wird, appelliert
Jesus nicht an unseren Edelmut. Vielmehr sagt er:
schafft euch Beziehungen für übermorgen und zwar mit
dem Geld, das ihr habt ...   Christentum ist nichts für*

Schafsköpfe... Die Armen, die man jetzt beschenkt, sollen einen dereinst in die ewigen Wohnungen aufnehmen... Mit eurem Geld... könnt ihr die Gemeinschaft der Heiligen bauen. Gott braucht unser Geld nicht... Sondern es geht um die Gemeinschaft der Heiligen in der wir stehen oder nicht.« — Joachim Jeremias (^{6}1962) trennt dagegen die Verse Lk 16·$^{9-13}$ völlig ab. »...ihr seid empört? Lernt daraus! Ihr seid ja in der selben Lage wie dieser Gutsverwalter, dem das Messer an der Kehle saß, dem der Ruin seiner Existenz droht – nur daß die Krise, die euch droht, ja in der ihr schon mitten drin steht, unvergleichlich furchtbarer ist... Klug sein, das ist die Forderung der Stunde auch für euch! Alles steht auf dem Spiele.«

Ähnlich urteilen auch Theißen-Merz (1996) »Was in irdischen Rechtsverhältnissen ein Akt der Veruntreuung ist – die eigenmächtige Herabsetzung der Schulden anderer – ist in der Rechtsordnung des Reiches Gottes eine positive Handlung : Der unmoralische untreue Verwalter wird in ihr zum moralischen Helden.« — P.Lapide (^{2}1987) meint, der Satz »Der Herr lobte...« sei falsch aus dem Hebräischen übersetzt, es müsse ›Der Herr tadelte...‹ heißen. Das Gleichnis ist dann zwar ›moralisch‹, es fehlt ihm aber jede Pointe.

Alles oder nichts. Es geht nicht um Ethik, Moral, Gebote. Es geht um das ›Vaterhaus des Jachwä‹. Für das Hineinkommen ist jedes Mittel recht. Von › guten Werken‹ ist ebensowenig die Rede wie von › Glaube‹ oder › Vertrauen‹. — Es geht um › Umwertung aller Werte‹, einen ersten Schritt zur totalen Entschuldung, wie sie im Jahr 2000 für die dritte Welt vorgeschlagen wurde. Sie hebt die bestehende Rechts- und Wirtschaftsordnung, zumindesten die Berechenbarkeit und Verläßlichkeit von ›Treu und Glauben‹ aus den Angeln. Nehmen wir Jehoschua ernst, so ist es mit den religiösen Gewißheiten, jüdischen und christlichen, vorbei.

Die Gerechtigkeit auf den Kopf stellt auch das vielzitierte Gleichnis vom verlorenen Sohn (Lk 15··[1]ff) und der Satz Lk 15·[7].

› Mit der Bergpredigt kann man nicht die Welt regieren.‹ Nur ist man bis heute den Beweis schuldig geblieben, daß man sie ohne Bergpredigt regieren könne. Das Gefälle zwischen Nord und Süd, Arm und Reich nimmt zu. Immer weniger Menschen haben immer mehr Geld, verbrauchen immer mehr Energie, auch unersetzbare, und zerstören die Umwelt von immer mehr Menschen. Daran kann auch die sogenannte › Entwicklungshilfe‹ nichts ändern. - Die Frage ist nicht, ob ein › Paradies auf Erden‹ herstellbar ist, sondern wie die hungernde Mehrheit der Erde erträglich leben und überleben kann. Kleinliches Aufrechnen von Schuld und Schulden nützt nur den Reichen und führt ins Chaos.

Schlüsseltexte zum Reinheitsgebot

»Jachwä redete zu Mosche: ... Für euch unrein ... ist der Hase ... (und) das Schwein ... wer von einem solchen Aas ißt, muß seine Kleider waschen und bleibt unrein bis zum Abend ... alles, worauf ein solches (reines oder unreines) verendetes Tier fällt, wird unrein ... ein Backofen und Kochherd muß abgerissen werden ... Nur Quellen, Brunnen und Wasserstellen bleiben rein... alles was auf dem Bauch kriecht, dürft ihr nicht essen. Denn sie sind ein Greuel.« Lev 11·1-42

Diese rituellen Gebote des Jachwä sind innerhalb der Jachwä-Religion nicht reform-fähig und bis heute gültig. — Die Ausnahmeregelung für Brunnen und Wasserstellen zeigt die Unvereinbarkeit und den Gegensatz von Hygiene und Kult. — Jede Bevorzugung von Vernunft und Ethik gegenüber Magie und Satzung stellt die Tora als Ganzes infrage.

Jehoschua bän-Joßef sagt: *»Nicht das, was in den Mund hineinkommt, macht den Menschen unrein, sondern was aus dem Munde herauskommt...«* Mk 7·15/Mt 15·11

Chanina bän-Doßa sagt: *»Nicht die Berührung einer toten Schlange, sondern die Verfehlung macht unrein.*
b Berachot 33 a

Jochanan bän-Sakkai sagt: *»Nicht der Tote verunreinigt und nicht das Wasser macht rein, aber ... dies ist die Satzung der Tora, die Jachwä geboten hat.«*
Num 19·2/Pesiq 4o b

Vier pharisäische Autoritäten, Rabbi Jehoschua (-32 nJ), Schaul Paulus (-64 nJ), Rabbi Chanina (um 7o nJ) und Rabban Jochanan (-8o nJ) sind sich einig, daß die Tora irrt. Aber der bis heute maßgebliche Jochanan verlangt, der Tora trotz allem ohne Abstriche zu folgen. Dagegen laufen die Botschaften des Jehoschua und des Schaul Paulus darauf hinaus, den Dekalog zu bewahren, die Speisegebote aber zu verwerfen, wobei offensichtlich, aber unausgesprochen, echte und falsche Worte des Jachwä unterschieden werden. — Hier folgen also Schaul Paulus und das Christentum der kritischen Linie des Jehoschua bän-Joßef.

Eine Abweichung des Mk $7.^{15}$ vom Judentum konstatiert S.Sandmel 1965. Dem widersprechen die christlichen Neutestamentler Theißen & Merz (1996): *»Jesus war und blieb ein Jude, wenn er solche Gedanken äußerte. Aber er war ein radikaler Jude.«* Eine Ehrenrettung des Juden Jehoschua mit behaupteter Fehlübersetzung aus dem Aramäischen versucht auch G.Vermes 1993. — Wenn das, was zum Mund eingeht, nicht verunreinigen kann, so kann es auch nicht reinigen. Das gilt ebenso vom ohnehin unhistorischen Abendmahls-Sakrament.

Im Jahr 1999 schreibt der Landesrabbiner von Niedersachsen, Dr.theol.(ev) Walter Homolka, als Vertreter eines progressiven Reformjudentums, in dem die Ritualgesetze kein Thema sind: *»Im Judentum sollte es wichtiger sein, was aus dem Mund herauskommt, nicht was in ihn hineinkommt.«* Hier zitiert Rabbi Homolka die radikalste Tora-Kritik des Rabbi Jehoschua von Mk $7.^{15}$ wörtlich, ohne auf Jehoschua Bezug zu nehmen. Mit Bezug tut es Salman Chen (➜ :64). — Für die Orthodoxie ist jede Reform zwangsläufig Apostasie, d.h. Abfall.

nicht schwören (Mt 5·34/Jak 5·12)

In den letzten 2ooo Jahren gilt der Schwur/Eid als Anrufung Gottes zur Bekräftigung der eigenen Wahrhaftigkeit. Deshalb erhebt der Schwörende die rechte Hand und legt die linke Hand auf die Bibel, in der steht, daß man nicht schwören soll. — Tatsächlich ist der Schwur eine archaische starke Zusicherung vor Zeugen, die auch Jachwä zugeschrieben wird. Num 32·1o heißt es: *»Jachwäs Zorn aber entbrannte an jenem Tage und er schwur.«* Der Schwur war, wie fast der ganze jüdische Verhaltenskodex, keine Anrufung, sondern eine Nachahmung des Jachwä, eine Imitatio dei. — Wir erfahren aber bereits aus dem Talmud, daß zu häufiges und zu leichtfertiges Schwören immer mehr überhand nahm. Auch im NT wird die leichtfertige Anrufung des Jachwä kritisiert, zumal Jachwä zuletzt nur noch vom Großpriester angerufen werden durfte.

Das Verbot zu schwören ist kein sittliches, sondern ein rein religiöses Verbot, das jedoch von den christlichen Theologen und den sogenannten christlichen Staaten bisher fast durchgehend ignoriert wird. Es gilt lediglich bei der Society of Friends, den Quäkern und galt in der Anfangszeit des Staates Pennsylvanien/USA. — J.Roloff (1979): *»Jesus hat seinen Jüngern jede Art von Eid untersagt... Dieses Verbot ist jedoch, wie die übrigen radikalen Weisungen Jesu, ein Vorgriff auf das kompromißlose Ethos des Reiches Gottes und deshalb unter den Bedingungen der gegenwärtigen Welt nur unvollkommen realisierbar.«*

Warum hat Jehoschua seinen Schülern das Schwören untersagt, wenn es nur als ›Vorgriff‹ gedacht war ?

Bei Theißen & Merz (1996) heißt es : *» Das Eidverbot (Mt 5·33ff/Jak 5·12). Auch hier ist der Einfluß auf das Urchristentum sehr verschieden. Paulus schwört unbefangen, um die Wahrheit seiner Aussagen zu unterstreichen (2Kor 11·31/Gal 1·20/Röm 9·1); Mt läßt die Verdoppelung der Beteuerungsformel (› Ja,Ja‹ /› Nein, Nein‹) zu. - Kritik am Schwören ist im Judentum zur Zeit Jesu weit verbreitet, bei den Essenern, Philo und in der Weisheitsliteratur. «*

Die Ablehnung des Schwörens hat zwei Wurzeln. Einerseits wendet sich das Verbot gegen die mißbräuchliche Verwendung des Gottesnamens. Anderseits stellt der Schwur die Aufrichtigkeit unbeschworenen Redens infrage. Jehoschua liegt hier auf der Linie der Puristen (Essener), aber auch der Philosophie (Weisheitsschriften & Philo). — Die Wiedereinführung des Schwurs ist damit ideengeschichtlich ein eindeutiger Rückfall in die Jahrtausende vor der Zeitwende.

Jehoschua war nicht nur dem 1., er ist auch dem 21. Jahrhundert gedanklich weit voraus. Auch die kommenden Generationen werden Mühe haben, ihn einzuholen.

Feindesliebe

Mt 5.[43-45] heißt es: *»Ihr habt gehört, daß gesagt ist: Liebe deinen Nächsten und hasse deinen Feind, Ich aber sage euch: Liebet eure Feinde und betet für die, die euch verfolgen, damit ihr Söhne eures Vaters im Himmel werdet, denn er läßt seine Sonne aufgehen über Böse und Gute und läßt regnen über Gerechte und Ungerechte.«*

Wenn auch das AT den Satz: *»hasse deinen Feind«* nicht enthält, so sind Episoden des AT nicht selten, wo Jachwä Menschen veranlaßt, an den Feinden Jachwäs, Kindern, Frauen und Männern den Bann zu vollstrecken, dh sie zu ermorden (Ex 32.[27]). Ex 34.[14] wird Jachwä als Qanna (Eiferer/Zelot) bezeichnet, Ex 2o.[5] bezeichnet er sich selbst so. Dabei hatte J.Buxtorf (1621) als erster die Chuzpe, Jachwä nicht abschwächend einen ›Eiferer‹, sondern im Klartext einen Zeloten zu nennen.

Es sind also die Feinde des Jachwä, die religiösen Abweichler, die Heterodoxen, die Gojim (Nichtjuden), die zu hassen das AT und Qumran immer wieder auffordert und die zu lieben Jehoschua von uns fordert. Freilich gibt es auch im AT den bemerkenswerten Satz: *»Du sollst den Fremdling lieben wie dich selbst.«* (Lev 19.[34])

Die ausdrückliche Aufforderung zum Haß gegenüber den Andersdenkenden findet sich erst in der Sektenregel von Qumran. In 1QS 1·11 wird gefordert: *»alle Söhne des Lichts zu lieben ... und alle Söhne der Finsternis zu hassen.«* Dabei sind unter den ›Söhnen der Finsternis‹ alle Menschen der Erde zu verstehen, die nicht zu dem innersten sadduzäisch-priesterlichen Zirkel von Qumran, den ›Nozrim ha-Brit‹ (=Nazoräer, Bewahrer des Bundes) zählen. Das sind nicht nur alle Fremdlinge (Gojim=Nichtjuden), sondern ›wegen der Engel‹ alle gerechten, dh rechtgläubigen, aber gebrechlichen, behinderten und kranken Juden, die den Engeln nicht zugemutet werden können (1Q 28a II·3-9).

Nach Entdeckung der Qumranschriften und ihrer, mit den Essenern identifizierten Bewegung wurde häufig die Herkunft des Jehoschua und des Jochanan ha-Matbil aus Qumran, oder sogar noch 1999 durch D.Flusser die Ideenverwandtschaft von Jehoschua, Schaul Paulus und Qumran behauptet, obwohl ein größerer Gegensatz als der von Qumran und Jehoschua kaum denkbar ist. Mt 11·19: *»Was ist dieser Mensch (Jehoschua) für ein Fresser und Weinsäufer, ein Freund der Zöllner und Sünder.«* Dagegen war für die Qumranbewegung Askese und Exklusivität selbstverständlich, wobei auch absolute Inhumanität in Kauf genommen wurde. Vom Naßi, dem Fürsten der Gemeinde von Qumran, heißt es: *»Du wirst Völker wie Straßenkot zertreten (1Q28b·27).«* Das ist das genaue Gegenteil der Botschaft des pazifistischen Jehoschua, der gerade die Gojim (Nichtjuden) und Schomroni (Samaritaner=Samariter), die Kinder und Frauen, die Zöllner und Kollaborateure, die Prostituierten und Außenseiter, die Kranken und Behinderten, um sich versammelte, mit ihnen redete, lebte und aß.

Zwischen den Essenern und den Chaßidim wird gelegentlich eine sprachliche Entwicklung gesehen:
Oßej ha-Tora (Täter der Tora) ➞ Ossenes
➞ Essenoi ➞ Essaioi ➞ Essener ➞ Essäer ➞ Asidäer
➞ Chasidäer ➞ Chaßidim (Treue, Täter der Mitmenschlichkeit, Fromme).

Ein Schlüsseltext der Bergpredigt (Mt 5-7) ist Mt 5.39ff: *»Widersteht dem Bösen nicht, sondern wer dich auf die rechte Wange schlägt, dem halte auch die andere hin ... Und wer dich nötigt 1 Meile weit (zu gehen), mit dem gehe zwei ...«* — Dazu schreibt K.Wengst (1999): *»Was kann der Geschädigte jenseits des Rechtsweges, den zu gehen, für ihn aussichtslos ist, in solcher Situation noch tun? Auf diese Frage antwortet die Auslegung Jesu. Sie ermuntert zu phantasievollem Verhalten, das absurde Szenarien herstellt, die — vielleicht — die geschlossene Situation öffnen und verändern können.«*

Wie wir von M.K.Gandhi lernen können, speist sich unser Verhalten aus zwei Wurzeln: Sittlichkeit/Ethik/Moral auf der einen, Vernunft/Strategie auf der anderen Seite. — Es war geltendes Besatzungsrecht, daß römische Soldaten jüdische Bürger zwingen durften, ihr Gepäck eine Meile zu tragen. Wer mehr tut ist bereits ein Pazifist, oder, aus zelotischem Blickwinkel, ein Kollaborateur. — K.Wengst geht auch beim Backenstreich davon aus, daß Rechtsmittel ohnehin nicht zur Verfügung stehen, daß also das ›phantasievolle Verhalten‹ von Gandhi gegenüber den Briten und der Juden gegenüber den Römern die einzige Chance ist, Herr der Lage zu bleiben.

Die Bergpredigt, ob sie nun als Ganzes so historisch ist, oder eine redaktionelle Komposition, hat von jeher die Gemüter der Theologen und Laien bewegt. — Der Laie, also auch der Verfasser, neigen dazu, das pazifistische Verhalten ganz auf sich selbst zu beziehen, als Richtschnur, Ideal menschlicher Ethik anzusehen, auch wenn die Wirklichkeit unendlich darunter bleibt.

In der theologischen Literatur der fünfziger Jahre des 2o.Jahrhunderts, wurde die ethische Maxime rundweg bestritten und die Bergpredigt zur Autobiographie des Jehoschua oder zur Beschreibung des Königreiches der Himmel erklärt. Für einige ernste Lutheraner diente die Bergpredigt lediglich dazu, dem Leser bzw dem Gläubigen vor die Augen zu führen, wie erlösungsbedürftig er ist.

Seit dem Ende des 2o.Jahrhunderts wird das NT mehr und mehr aus jüdischer (zB P.Lapide), bzw christlich-judaistischer (zB K.Wengst) Perspektive betrachtet, wobei allgemein menschliche und strategische Gesichtspunkte in den Vordergrund treten. Die Ethik verliert dabei den Charakter des unmöglichen Ideals, beschränkt sich auf die goldene Regel und sucht den Dialog aller Beteiligten und Betroffenen.

Dabei nehmen die Probleme des Zusammenlebens und Zusammenwachsens der Menschen, Kulturen und Religionen auf dieser Erde noch zu. *»Doch wo Gefahr ist, wächst das Rettende auch.«*   Friedrich Hölderlin

imitatio dei = Nachahmung Gottes

Die ›imitatio dei‹ scheint auf den ersten Blick mit der Vollkommenheitsforderung identisch zu sein. Das gilt aber nur für die unerreichbare ethische (Mt 5·48), nicht für die erreichbare kultische (Gen 17·1) Vollkommenheit. Beide setzen jedoch ein persönliches menschenähnliches (anthropomorphes) Gottesbild voraus.

Gen 17·1ff heißt es: »*Ich bin El Schaddaj, wandle vor mir und sei vollkommen (hebr. tamim).*« Es handelt sich um eine rein kultische Vollkommenheit, die durch die Beschneidung zustande kommt. Vergleichbar ist dies mit der kultischen Vollkommenheit der Gojim Meschichiim (messianische Nichtjuden) des Schaul Paulus, welche durch die einmalige Taufe und das wiederholte Abendmahl erreicht wird. — Interessant ist, daß die Lutherbibel (Gen 17·1) weder von Vollkommenheit des Menschen noch von dem Gott El Schaddaj spricht. Beides widersprach wohl der Theologie des Dr. Martin Luther. Doch zeigt dies einmal mehr, daß die Lutherbibel bei der unübertroffenen Sprachgewalt als Arbeitsmittel für alle, die keine guten hebräischen und griechischen Sprachkenntnisse haben, kaum geeignet ist, ganz im Gegensatz zum Herdertext von Arenhoevel-Deißler-Voegtle, dem ich hier meistens folge.

Ganz anders Jehoschua in Mt 5·48: »*Seid ihr also voll-kommen* (griech.teleos) *wie euer himmlischer Vater vollkommen ist.*« Hier ist, im Zusammenhang der ›Berg-predigt‹ zweifellos die sittliche Vollkommenheit ge-meint, während in Qumran, wegen der anwesenden ›Engel‹, die körperliche Vollkommenheitsforderung für die Gemeindemitglieder den Ausschluß von Kranken und Behinderten brachte (1Q28a Kol.II).

Jehoschua wendet sich aber gerade den Unvollkommenen zu. »*Denn er (Gott) läßt seine Sonne aufgehen über Böse und Gute, Gerechte und Ungerechte.*« Mt 5·45 -- Die exklusive körperliche Vollkommenheitsforderung von Qumran ist inhuman, aber durchführbar, die humane sitt-liche Vollkommenheitsforderung ist es nicht, wenigstens nicht aus heutiger selbstkritischer Sicht. Jehoschua geht wohl auch hier vom täglichen sittlichen Beistand von Vater Jachwä aus, der von seinen Kindern gleiches erwartet wie von sich selbst. Für den Propheten Jeho-schua war, wie für den Propheten Jeschajahu (Jes 11·6-9), die gesamte Schöpfung wie eine große Familie, zu der alle Lebewesen der Erde gehörten.

Das Streben nach Vollkommenheit begann in der Vorzeit mit dem Menschenopfer, das dann vom Tieropfer abge-löst wurde (Gen 22·2ff). Dabei ist der Gedanke des Sündenbocks (Lev 16·20ff), die Übertragbarkeit von Sünden auf ein Tier, wegleitend, die erst 7o nJ mit der Zerstörung des 2.Tempels ein Ende fand. Die voran-gegangene prophetische Kritik am blutigen Opfer und die Forderung der Sittlichkeit als Opfer fand nur taube Ohren.

Zu den bis heute gültigen, überaus komplizierten 613 jüdischen Geboten gehört auch die Herstellung ›koscherer‹, dh vollkommener Nahrung, die jede Hausgemeinschaft mit Nichtjuden unmöglich macht. Diese magischen Reinheits- und Speisegebote führen Jehoschua (Mk 7.^{15}/Mt 15.^{11}) und Chanina ad absurdum. Im Reformjudentum des Jahres 1999 wird Mk 7.^{15}par durch W. Homolka zitiert, freilich ohne Namensnennung (⇒ :84). — Die Orthodoxie ist nicht reformierbar, weder die jüdische noch die christliche. Erfolgreiche Reformen führen fast zwangsläufig zur Abspaltung, wie das Beispiel Luther-Calvin-Zwingli gezeigt hat.

Die koschere Küche ist bis heute gezwungen, alles Gerät zweimal zu besitzen, einmal für die Milchseite und einmal für die Fleischseite, zwischen denen es keine Berührung geben darf (Ex 23.^{19}). Auch bei der (unmöglichen) Enthaltung vom Blut und der Forderung des Schächtens wird die Humanisierung der Schlachthöfe (schmerzlose Betäubung!) der magischen Blutseelen-Vorstellung des Altertums geopfert.

Bet Abba Jachwä — Vaterhaus des Jachwä

Das aramäische ›Abba‹ und das hebräische ›Avinu‹ sind die persönliche familiäre Anrede des Vaters, aram/hebr ›Av‹, die im Deutschen mit ›Väterchen/Vati/lieber Vater/unser Vater‹ wiedergegeben werden könnten, die aber alle nicht überzeugen. Man wird sich mit den fremdsprachlichen Abba & Avinu zufrieden geben müssen. Abba ist die Wiederannäherung an Jachwä im Garten des Paradieses. *»Jachwä Gott pflanzte einen Garten in Eden, im Osten, und setzte dahinein den Menschen, den er gebildet hatte.«* Gen 2.8 Das ›Bet Abba Jachwä‹ ist das Vaterhaus des Jachwä, das, wie die Arche Noach, Platz für alle hat. Die Juden beten noch heute: *»Avinu schebaschamajim = geliebter Vater in den Himmeln«*.

Der Bet Abba war in der kleinasiatischen Intimwelt mit Hilfe des Jachwä an dem befürchteten oder erhofften Ende des Äons leichter vorstellbar als für den Abendländer heute, der nicht nur mit der weiterlaufenden Zeit, sondern auch mit Sonnen-, Milchstraßen- und Galaxienhaufen, getrennt durch Millionen Lichtjahre im unvorstellbaren Kosmos leben muß. Welcher Religion und Philosophie wir uns auch immer zurechnen, unsere gemeinsame Herkunft macht uns nicht weniger zu Geschwistern als die Töchter und Söhne des Abba Jachwä. Dieser Geschwisterlichkeit der Sterne, Steine, Pflanzen, Tiere, Menschen, Bücher, Kunstwerke und Werkzeuge hat Giovanni Bernadone, genannt Francesco d'Assisi (1182-1226) in seinem ›Sonnengesang‹ schönsten Ausdruck gegeben.

Der teils erhebende, teils lähmende Blick ins Weltall wird durch vorgefundene und hausgemachte Probleme schnell zur Erde zurückkehren, wo die alten Antworten oft nichts nützen und neue Fragen neue Antworten erfordern. Nationale Gewaltandrohung, nationale Gewaltanwendung und nationaler Pazifismus erweisen sich international als unwirksam und schaffen nicht selten neue Probleme, die wir nur miteinander mit neuem Denken und neuen Strategien lösen können.

Entcheidend ist, daß sich die Gegner und die Neutralen an einen Tisch setzen und gemeinsam nach Lösungen suchen.

annehmen wie ein Kind

»Jehoschua sprach: Laßt die Kinder zu mir kommen und wehrt ihnen nicht; denn für solche ist die Königsherrschaft des Jachwä... Wer die Königsherrschaft des Jachwä nicht annimmt wie ein Kind, wird nicht hineingelangen.« Lk 18.[16-17] (Mk 1o.[14-15]/Mt 19.[14])

Da die ›Königsherrschaft des Jachwä/der Himmel‹ ein zelotisch-messianischer, ein politischer und kein kindgerechter Ausdruck ist, ersetze ich sie durch das ›Vaterhaus des Jachwä‹.

›Annehmen wie ein Kind‹, was heißt das, wie kann man das als nachdenklicher Erwachsener? — Jeder sieht doch seine eigene Kindheit, sieht andere Kinder, sieht das ›Wesen der Kindheit‹ anders.

›Annehmen wie ein Kind‹ ist keine ethische, religiöse oder philosophische Forderung, kein lernbares Tun, kein lehrbares Verhalten. — Kinder nehmen absichtslos, selbstverständlich, vertrauend an, daß jede Gabe eine gute Gabe ist.

›Annehmen wie ein Kind‹ ist ein poetisches Verhalten, das der Dichter Eingebungen, Einfällen gegenüber hat, die weniger Leistung als Gabe, weniger Wille als Geschenk sind. — In keinem anderen Text der Bibel sind die Kinder, wie hier, Vorbild und Mittelpunkt: Infragestellung des Erwachsenen, seiner Frömmigkeit, Religiosität, Gerechtigkeit und Rechtgläubigkeit.

Frauenlob

Die Gleichstellung der Frau als Schülerin und Diskussionspartnerin durch Jehoschua (Lk 1o$^{.38-42}$/Mk 7$^{.25-3o}$) steht im Gegensatz zur Abwertung der Frau durch Schaul Paulus (1 Kor 11$^{.7-15}$/1 Kor 14$^{.34-35}$). Doch, wie auch sonst, sind die christlichen Überzeugungen die Überzeugungen des Schaul Paulus, der ein Frauenfeind war und nicht die des Frauenfreundes Jehoschua. — Schaul liegt dabei aber durchaus auf der Linie des AT, während Jehoschua hier in seiner Offenheit mehr an das 21. als an das 1. Jahrhundert erinnert.

Die im 19. und 2o. Jahrhundert lebhafte Diskussion darüber, ob Jehoschua verheiratet war oder nicht, wobei fast alle jüdischen Autoren eine Ehe des Jehoschua behaupteten und fast alle christlichen Autoren von der Ehelosigkeit des Jehoschua ausgingen, wird heute nur noch selten thematisiert. Auch von der Ehe des Schimon Käfa erfahren wir nur beiläufig (Mk 1$^{.3o}$). — Die alte Behauptung, alle Rabbinen seien damals verheiratet gewesen, war nie stichhaltig, weil wir die Kenntnis vieler unverheirateter Essener schon dem Altertum verdanken. Dazu kam noch die quasi-Ehelosigkeit der Großpriester, die lebenslang mit einer Jungfrau verheiratet waren.

Der unverkrampfte Umgang des Jehoschua mit Frauen und Kindern spricht für eine Ehefrau oder Dauerfreundin des Jehoschua, die in den apokryphen Evangelien oft thematisiert wird, während die kanonischen Evangelien mehr paulinische Beeinflussung verraten.

Revolution religiösen Denkens und Handelns

Jehoschua war seiner Zeit gedanklich so weit voraus, daß auch als Reform gemeinte Denkanstöße nur als Revolution verstanden werden konnten. Von einzelnen jüdischen Denkern des 2o.Jahrhunderts begriffen, wird seine Saat vielleicht im 21.Jahrhundert aufgehen. — Jehoschua bän-Joßef könnte als bedeutendster Schüler Hillels d.Ä. einmal der maßgebliche Gelehrte eine Schule des progressiven Judentums und/oder Christentums sein.

Die Überwindung des gesetzlichen und kaufmännischen Gerechtigkeitsdenkens im Zusammenhang mit der erstrebten Königsherrschaft des Jachwä zu Gunsten von Chuzpe und Barmherzigkeit im Vaterhaus des Jachwä war ein entscheidender Schritt. Damit werden zwangsläufig Frauen und Kinder zu wichtigen Vorbildern.

Die Neuorientierung der Rechtsprechung an Selbstkritik und Barmherzigkeit illustriert die Geschichte der Ehebrecherin (Joh 8.3ff). — Der Verschärfung der Ethik (Mt 5.21ff) steht die Abwertung des Schabbat (Mt 12.1ff) und der Speisegebote (Mt 15.11) gegenüber. Dabei schreckt Rabbi Jehoschua auch vor dem Kunstmittel lehrhafter Übertreibung (zB Mt 5.22) nicht zurück.

Nicht länger soll nur der selig werden, *der glaubt und getauft wird* (Mk 16.16), sondern der kindliche Phantasie und Vertrauen mit Barmherzigkeit und Chuzpe zu verbinden weiß.

Progressives Judentum

Immer sind es einzelne, liberale, moderne, progressive Denker, die sich in der konservativen Orthodoxie ausgeschlossen fühlen und deshalb beweglichere Arbeits- und Lebenskreise suchen.

Das internationale ›Progressive Judentum‹ hat seinen Schwerpunkt in USA und England, wohin viele deutsche Juden emigrierten. Das Standardwerk des progressiven Reformjudentums erschien unter dem Titel: ›Die Lehren des Judentums nach den Quellen‹ 1928-193o in Leipzig, als erweiterte Neuausgabe 1999 in München, herausgegeben von dem Reformrabbiner Dr. theol. Walter Homolka. Darin stehen zwei bemerkenswerte Sätze: *»Der weite Bereich des Zeremonialgesetzes ist nicht Gegenstand dieser Darstellung. — Im Judentum sollte es wichtiger sein, was aus dem Mund herauskommt, nicht was in ihn hineinkommt. «*
Ein wörtliches Zitat von Mk 7.[15]/Mt 15.[11] ➨:83

Anfang Februar 2ooo stellte die (orthodoxe) Deutsche Rabbinerkonfererenz einstimmig fest, daß Dr. W. Homolka weder Jude noch Rabbi ist und das heißt im Klartext, daß auch Jehoschua weder Jude noch Rabbi war. — Die Reformer stehen stets außerhalb der Religiongemeinschaft, mit dem Unterschied, daß sie heute nicht mehr gesteinigt werden. — Rabbi Walter Jacob, der Präsident der progressiven amerikanischen Rabbinerkonferenz hält unverändert zu Rabbi Homolka und bestreitet die Zuständigkeit der orthodoxen deutschen Konferenz.

Jehoschua bän-Joßef ha-Navi — der Prophet

Rein sprachlich gesehen hat der semitische Navi, (Plural: Neviim), der Rufer, der Herausgerufene mit dem abendländischen Propheten, dem Voraussager der Zukunft nichts gemein. Doch was tut der Navi anderes, als mit unverstelltem Blick die Linien der Vergangenheit und Gegenwart in die Zukunft zu verlängern. — Andererseits deckt sich unser Begriff der Propheten, bzw der prophetischen Bücher des AT mit dem jüdischen Begriff der Neviim des Tenach, der hebräischen Bibel keineswegs. Jehoschua bin-Nun (Josua), Schofetim (Richter), Schmuel (Samuel) und Melachim (Könige) sind im Judentum Propheten, im Christentum Geschichtsbücher.

»Barmherzigkeit will ich und nicht Opfer.« So zitiert Mt 9.13 den Propheten Hoschea 6.6. Die Kritik am Menschenopfer bei Ezechiel 23.37 und später am Tieropfer bei Jeschajahu (Jesaja) 1.1ff durchzieht alle prophetischen Bücher, die zwar in Ehren gehalten, aber nicht beherzigt wurden. Das Werk der Zerstörung des 2. Tempels durch die Römer 7o nJ beendete den blutigen Opferkult für immer.

Erst am Ende des 2o. Jahrhunderts wurde die prophetisch-pharisäische Kritik des Jehoschua am magischen Mißverständnis der Religion, am buchstäblichen Festhalten am Schabbat und an den Speiseboten um jeden Preis, auch den Preis der Unmenschlichkeit, von einzelnen progressiven Juden, zB Salman Chen, wahrgenommen. — Jehoschua, der Prophet des 3. Jahrtausends.

Jehoschua bän-Joßef ha-Memaschschel — der Poet

Kaum eine Behauptung stößt im 21. Jahrhundert auf breitere Ablehnung als die, daß Jehoschua ein Dichter, ein Poet sei. Dabei ist doch die Bibel des Jehoschua, der Tenach, in großen Teilen Prosadichtung und Poesie von Weltgeltung. Das gilt besonders für die Psalmen, das Hohelied=Schir ha-Schirim=das Lied der Lieder, das Buch Hiob oder die beiden Schöpfungsgeschichten. — Wie anders können Menschen etwas berichten, was niemand weiß und wissen kann. So sind auch die Bilder des Jachwä, der aus Wörtern oder Lehm, mit seinem Mund oder mit seinen Händen das Weltall erschuf, keine Geschichtswissenschaft oder Kosmologie, auch keine argumentierende systematische Theologie, sondern Poesie, ergreifende Dichtung, mitreißende Kunstwerke.

Charles Fox Burney *The Poetry of our Lord. An examination of the Formal Elements of Hebrew Poetry in the Discourses of Jesus Christ.* Oxford, 1925.
C.F.Burney (1868-1925) behauptete vielleicht als Erster, daß Jehoschua ein hebräischer Dichter war, mit der Konsequenz, daß man in unklaren Fällen die Texte des Jehoschua im griechischen NT ins Hebräische zurückübersetzen müsse. Letzteres fordert auch Pinchas Lapide (1922-1997).

Auf C.F.Burney beziehen sich aber auch zwei Aramaisten: Matthew Black (*1908) und Günther Schwarz (*1928) mit der Behauptung, daß Jehoschua ein aramäischer Dichter war, und daß seine originale Lehre an vielen Stellen dieser direkten Rede durch Rückübersetzung ins Aramäische relativ einfach wiederherstellbar sei. — Diese Rekonstruktionsmethode von nur in Übersetzung vorliegenden Texten, ist jedoch nur in Einzelfällen erfolgversprechend. Sie hat sich jedoch bei längeren Texten nicht bewährt und öffnet wie die Interpretation der Willkür Tür und Tor.

Im Hebräischen und Aramäischen des 1. Jahrhunderts und einer weit verbreiteten Hebräisch-Aramäischen Mischsprache gibt es kein Wort für Poet oder Poesie. Bekannt ist nur das Lied und der Sänger. Die früheste Erwähnung eines Dichters fand ich im berühmten Hebräisch-Lateinischen-Wörterbuch, Basel [6]1621, von Johannes Buxtorf d.Ä. (1564-1629), dem ich auch sonst manche entscheidenden Hinweise verdanke: ›Memaschschel‹ ist der Gleichnisdichter, lateinisch: parabolarum artifex, proverbificator. — Es ist ja kein Zweifel, daß Gleichnisse Prosadichtung sind und bei den Verfassern, Vortragenden und Hörern ein Verständnis für Poesie voraussetzen.

Nicht nur im Deutschen, auch im Griechischen wird das Schöpferische nicht nur bei Gott, sondern auch beim Dichter gesehen. Das griechische Wort ›poietes‹ bedeutet Poet und Weltschöpfer. Beide erschaffen Welten aus Worten.

Was ist eine Predigt anderes als eine Dichtung, darin unterscheiden sich das 1. und 21. Jahrhundert nicht.

Jachwä – Metapher unseres Nichtwissens

Die Sprachgeschichte von Jachwä ist strittig, die Theologiegeschichte unergiebig und außerhalb des Horizonts dieses Buches.

Choni, Jehoschua und Chanina sprechen mit Abba Jachwä. Das ist vielleicht ihre wichtigste Botschaft.

Jachwä – ein poetischer Versuch:

wir drücken uns aus
wir verständigen uns
wir interpretieren
wir übersetzen
innenwelten
außenwelten
eindrücke
erfahrungen
rekonstruktionen
wir versuchen zu verstehen
indem wir uns verständlich machen
hebräisch
aramäisch
griechisch
lateinisch
englisch
dewanagari
chinesisch
deutsch
wir fassen uns an den händen
im tanz
ausdruck & ausdruck
warum prosa
warum auf poesie verzichten
debora verherrlicht jachwä
das debora·lied
geht den traktaten
jahrhunderte voraus
das summen der sprache
jahrtausende
der tanz der eintagsfliegen
jahrmillionen
der tanz der elektronen
milliarden jahre

alle sprache
beginnt damit
nichts zu sein
als ein traum
des jachwä
er spricht uns ein
und aus
spüre
den atem
nimm all deinen verstand
zusammen
wie das wasser
sich mit den wolken verständigt
verständige dich mit jachwä
was weißt du
von jachwä
was weiß das wasser
von den wolken
nichts und alles
liegen so nahe
beieinander
nur anfang und ende
einatmen
und
ausatmen
trennen milliarden jahre
für die exakten
wissenschaften
existieren
weder jachwä
noch das du
oder das ich
drei nichtexistierende
verständigen sich

miteinander
creatio ex nihilo
schöpfung aus dem nichts
ist weder ein dogma
noch eine hypothese
es ist ein traum

auf unserem grab

staub der sterne
mit dir
kreisend
in jachwäs träumen

Schreibung und Aussprache des Aramäisch/Hebräischen

Die offizielle Schrift des Aramäischen und Hebräischen im 1.-21. Jahrhunderts, also auch des heutigen Jißrael, ist die ›aramäische Quadratschrift‹, die oft irrtümlich ›hebräische Quadratschrift‹ genannt wird (N. Golb, 1994). Die Zeichen stehen auf der Schreiblinie :

יְהֹוָה ‏ Jachwä in heutiger stehender aramäischer Quadrat-Druckschrift mit lautgerechter tiberischer Punktation (Köhler & Baumgartner 1953)

Nur wenige extreme Traditionalisten von Qumran verwendeten in den Jahrhunderten um die Zeitwende für religiöse Texte oder ausschließlich für den Gottesnamen Jachwä die alten, schon damals ungebräuchlichen, hebräischen Zeichen, die an der Schreiblinie hängen:

𐤌 𐤉 𐤄 𐤅 Jachwä in hängender hebräischer Schreibschrift von Qumran (Chavaqquq-Kommentar)

Die Vokalisation und Betonung für alle aramäisch-hebräischen (AH)-Texte dieser 21 Jahrhunderte verdanken wir der Tiberischen Schule des 1o. Jahrhunderts, welche das Lesen erheblich erleichtern. — Die Quadratschrift unterscheidet zwei K-Laute, die im Deutschen mit K und Q wiedergegeben werden. Meyers Enzyklopädisches Lexikon (1971-1981) gibt im Klartext beide Laute mit K wieder und unterscheidet sie nur in der Transliteration. So heißt es dann konsequent: Kumran & Habakuk. Dagegen schreibt die wissenschaftliche Literatur meist inkonsequent: Qumran & Habakuk. Ich verwende grundsätzlich die der Transliteration, bzw dem AH-Text entsprechende Schreibung: Qumran & Chavaqquq, was den Nachteil hat, daß man oft die übliche falsche Schreibung in Klammern dazu setzen muß.

Noch verwirrender ist es bei den S-Lauten. Die Quadratschrift hat vier Zeichen, die englische Sprache aber nur zwei, die deutsche nur drei Aussprachemöglichkeiten: weiches s| scharfes s=β | ts=z. Die wissenschaftliche Transliteration orientiert sich an der englischen Aussprache: weiches s wird z geschrieben, scharfes β wird s geschrieben, ts wird ṣ geschrieben, ein Laut, den es im Englischen gar nicht gibt, sodaß der Punkt meist entfällt. In der internationalen Transliteration und im Englischen heißt es korrekt: Jochanan ben-Zakkai, was aber im Deutschen aussprachemäßig Jochanan bän-Sakkai geschrieben werden muß.

H in Wortmitte führt im Deutschen zur Verlängerung des vorangehenden Vokals. Ist das nicht erwünscht und soll zugleich der H-Laut ausgesprochen werden, so setzte ich dafür CH: im Hebräischen Jahwä ⇒ Jachwä, im Sanskrit Brahma ⇒ Brachma.

Der SCH-Laut wird im heutigen Jißrael nach englischem Vorbild SH geschrieben, der deutsche J-Laut Y. Ich verwende hier, von neueren Namen abgesehen, den deutschen Sprachgebrauch.

Betont werden die aramäischen und hebräischen Wörter fast immer auf der letzten Silbe. Seltene Ausnahmen sind meist neueren Ursprungs. Die Angabe der Betonung und der Vokallänge fällt bei der Eindeutschung weg.

Über das Qumran-Aramäische als Muttersprache des Jehoschua verweise ich auf die Monographie von K.Beyer (1984). Ein Wörterbuch des Qumran-Hebräischen des 1.Jahrhunderts gibt es meines Wissens noch nicht. In der Umgangs- und Gelehrtensprache dieser Zeit mischten sich hebräische und aramäische Elemente.

Eindeutschung aramäisch/hebräischer Konsonanten

[[ ]] = am Wortende

א	.			
בב	v		בּ	b !
גג	g		גּ	gg
דד	d		דּ	dd
הה	h		הּ	h (im Wort -ch-)
וו	w		וּ	u ! וֹ o !
זז	s		זּ	s
חח	ch		חּ	chch
טט	t		טּ	tt
יי	j		יּ	jj
כך	ch	[[ך]]	כּ	k !
לל	l		לּ	ll
מם	m	[[ם]]	מּ	mm
נן	n	[[ן]]	נּ	nn
ס	ß		ס	ßß
ע	.			
פף	f	[[ף]]	פּ	p !
צץ	z	[[ץ]]	צּ	zz
קק	q		קּ	qq
רר	r		רּ	rr
שש	ß		שּׂ	ßß
שש	sch		שּׁ	schsch
תת	t		תּ	tt

Eindeutschung aramäisch/hebräischer Vokale
= Tiberische Punktation

מ = Beispiel-Konsonant

מָ/מַ/מֲ/מָ = a

מֶ/מֱ/מֵי = ä

מֵ/מֵי = e

מְ = e oder stumm (ostaramäisch fehlend)

מִ/מִי = i

מֹ/מוֹ = o

מֻ/מוּ = u

Alter & Geschichtlichkeit von Texten

Joh = Johannes - Ev
Lk = Lukas - Ev
Mk = Markus - Ev
Mt = Matthäus - Ev
Q = Logienquelle
ThEv = Thomas - Ev

Die Wirklichkeit kann man mythisch oder historisch darstellen. Bei den Uranfängen der Mnschheit und im Christentum ging der Mythos der Geschichte voraus, der
Christos dem Jehoschua, im NT die Paulusbriefe den
Evangelien. Das ist im 2o. Jh nicht anders, auch bei
Adolf Hitler geht der Mythos der Geschichte voraus. —
Mythos ist Göttererzählung, Geschichte ist Mensche-
nerzählung. Wirklichkeit beweisen beide nicht. Die
Geschichte bleibt so lange hypothetisch, bis ein breiter
intersubjektiver Konsens vorliegt. Im 19. und am Anfang
des 2o. Jahrhunderts wurde Jehoschua von mehreren
ernsthaften Forschern mit dem ›Christusmythos‹ identifiziert. Im Anfang des 21. Jahrhunderts ist die Mehrheit
von der Wirklichkeit des Jehoschua überzeugt. Das ist
eine Frage der Selbstachtung, möchte doch kein Gläubiger einem Phantom vertrauen und kein Historiker einer
Fata Morgana nachjagen. Doch was ist von der Wirklichkeit eines Mannes zu halten, dessen Name, Geburtsort, Geburtsjahr, Leben, Botschaft, Todesjahr, Tode-
sart und Grab strittig sind ?

Da der Nachweis der Existenz des Jehoschua weniger Hypothesen nötig macht als der der Nichtexistenz, muß die Existenz als wahrscheinlich gelten. Aus den Fakten von Mythos und Geschichte gewinnen wir Hypothesen möglicher Wirklichkeit. Bei der Frage nach dem historischen Jehoschua hilft das Alter eines Textes nichts. Die Echtheit ergibt sich aus der Widerspruchsfreiheit der Hypothesen untereinander und mit der Umwelt des 1. Jahrhunderts.

Der NT-Kanon stellt Mt an den Anfang. Die Mehrheit christlicher Theologen nennt Mk an erster Stelle, meint aber eine Gleichzeitigkeit von Mk und der hypothetischen Logien-Quelle Q. Joh gilt als jüngstes Evangelium. Dabei wird aber oft das Alter von Mk mit seiner Historizität gleichgesetzt, was keineswegs zwingend ist. — D. Flusser (1999) hält Lk für historischer, da Jehoschua hier als Freund der Pharisäer erscheint. — Berger & Nord (1999) stellen die lukanische Logienquelle, dh Spruchsammlung (6o/65 nJ) an den Anfang. Dann folgen Joh (68/69 nJ), Mk (7o nJ), Lk (65-71 nJ), Mt (71 nJ) und das sogenannte Thomas-Evangelium/ThEv (7o-8o nJ). Das ThEv ist kein Evangelium, sondern ebenfalls eine Spruchsammlung.

Der revolutionärste Satz des NT ist Mk $7.^{15}$/Mt $15.^{11}$ (⇒ :83). Er steht also nicht in der Logienquelle und dürfte auch kaum Gemeindebildung sein. Die Seligpreisung der Pazifisten (Mt $5.^{9}$) und das Verbot des Schwörens (Mt $5.^{33-37}$) stehen aber nur bei Mt, die Pharisäerfreundschaft, wie erwähnt, nur bei Lk. Für den historischen Jehoschua sind also die Synoptiker (Mk/Mt/Lk) unentbehrlich. Die Abgrenzung der Logienquelle aus Mt und Lk trägt dazu nichts bei.

Verläßlichkeit von Bibelübersetzungen

Jeder theologisch Arbeitende, der Biblisch-Hebräisch und/oder Koine-Altgriechisch nicht perfekt beherrscht, braucht eine verläßliche Bibelübersetzung, die sichere Rückschlüsse auf wichtige Aussagen, Begriffe und Namen der Texte zuläßt. — Zur Beurteilung der Verläßlichkeit einer Übersetzung sind vereinfachte Tests, die ohne großen Zeitaufwand durchgeführt werden können, hilfreich. — Die große Verläßlichkeit kann aber mit schlechter Lesbarkeit einhergehen.

AT^1=Die Gottesnamen Jachwä (Gen 2·4b), Jach (Ex 15·2) und Schaddaj (Gen 17·1) werden in den meisten Übersetzungen durch Begriffe wie HERR, HErr, Herr, Er, Allmächtiger ersetzt, ohne daß ein bestimmter Begriff immer für einen bestimmten Namen steht (ATo). Die vollständige Nennung aller Gottesnamen erhält zwei Punkte (AT●●), die teilweise Nennung einen Punkt (AT●).
AT^2=Die junge Frau bis zur Geburt des 1. Kindes (hebräisch Alma) in Jes 7·14 wird traditionell, aber falsch mit Jungfrau (hebräisch Betula) übersetzt. Ich bewerte die junge Frau mit (AT-/●●), die undeutliche Übersetzung mit jungem Mädchen (AT-/●) und die Jungfrau mit (AT-/o).
hebräisches AT = AT^{1-2} ●●/●● optimal =4 Punkte

NT^1=Das NT ist selbst schon die Übersetzung einer ursprünglich hebräisch-aramäischen Botschaft ins Koine-Altgriechische. So übersetzt das NT das aramäische ›tub‹, bzw das hebräische ›schuv‹ in kehrt um/kehrt zurück‹ (NT●●), zB in Mk 1¹⁵b mit ›metanoeite=denkt um‹ (NT●), während Martin Luther, nach lateinischem Vorbild, aber sinnentstellend ›tut Buße‹ (NTo) übersetzt und sich damit noch weiter von der semitischen Botschaft entfernt.

NT^2=Wenn irgend möglich sollte ein griechisches Wort an verschiedenen Stellen konkordant mit dem gleichen deutschen Wort wiedergegeben werden. Ein Schulbeispiel ist ›magos/magier‹, der Mt 2·1 positiv bewertet diskordant zu den ›Weisen aus dem Morgenland‹ (NT-/o)bzw in der Legende sogar zu den ›heiligen drei Königen‹ geworden und, negativ bewertet, Apg 13·6 zum ›Zauberer‹ wurde (NT-/o). Eine wissenschaftlich konkordante Übersetzung muß an beiden Stellen gleich sein (NT-/●).

NT^3=Um das gleiche Problem geht es auch bei der Versuchung des Jehoschua durch den Satan Mt 4·1ff und bei der Versuchung des Menschen durch Jachwä Mt 6·13, wo das NT in beiden Fällen den gleichen griechischen Wortstamm (peirazo/peirasmos = prüfen/Prüfung) benützt. Nur die konkordante Übersetzung (NT-/-/●) ist wissenschaftlich haltbar, die diskordante (NT-/-/o) ist es nicht.

griechisches NT = NT¹⁻³ ●●/●/● optimal = 4 Punkte

Septuaginta (13o vJ) griechisch = ATo/o   NT-
Hieronymus Vulgata (419 nJ) lat. = ATo/o   NTo/●/●
M.Luther (1545) = ATo/o   NTo/o/●
J.H.Reitz (1717) = AT-   NT●/o/●
H.A.Schott (18o5) lateinisch = AT-   NT●/●/●
A.E.Knoch (1927) englisch = AT-   NTo/●/●
Froschauer/Zürcher Bibel (1931) = ATo/●   NTo/o/●
F.Streicher (1948) = AT-   NT●/o/●
H.Menge (1949) = ATo/o   NTo/o/●
Buber & Rosenzweig (1954) = ATo/●   NT-
N.T.Tur-Sinai (1954) = AT●/●●   NT-
Arenhoevel u.a. (1965) = AT●●/●   NT●●/o/●
U.Wilckens (197o) = AT-   NT●●/o/●
Einheitsübersetzung (198o) = ATo/o   NT●●/o/●
O.Kuss/Münchener NT(1988) = AT-   NT●●/●/●
Gute Nachricht (1997) = ATo/●   NT●/o/o
Zink, Jörg (1998) = ATo/●●   NT●/o/o
Berger & Nord (1999) = AT-   NT●●/o/o
Lüdemann, Gerd (2ooo) = AT-   NT●●/●/● (nur Ev)

Ein im ganzen verläßliches AT gibt es nicht. Wegen der
Gottesnamen bleibt Arenhoevel & Deißler & Vögtle un-
entbehrlich. Daneben kommen N.T.Tur-Sinai oder J.
Zink infrage, letzterer mit leider sehr grober Vers-
Einteilung.

Im NT halten immerhin zwei Texte den Kriterien stand:
O.Kuss mit einer schwer lesbaren konkordanten Übersetzung und G.Lüdemann mit seinem auf fünf Evangelien
(Mk, Mt, Lk, Joh & ThEv) und die apokryphen Agrapha
beschränkten kommentierten Text.

Dogmatische Rücksichten behindern die Bibelübersetzung bis heute leider noch sehr.

Jehoschua außerhalb des NT

zumeist nach O. Betz [2]1991

Joßef bän-Mattitjahu ha-Kohen (Josephus Flavius/

37-11o) Der jüdische Priester, Pharisäer, Heerführer und griechisch schreibende Historiker Joßef bän-Mattitjahu berichtet in den *Jüdischen Altertümern* (JA 2o.9·[1]) über die Steinigung des Jaaqov bän-Joßef (62 nJ) und nennt ihn *»den Bruder des sogenannten Christus.«* Dagegen wird das berühmte ›Testimonium Flavianum‹ (JA 18.3·[3]) für einen christlichen Einschub gehalten oder zumindest für eine Überarbeitung: *»Um diese Zeit lebte Jesus, ein Mann voll Weisheit, wenn man ihn überhaupt einen Mann nennen darf. Er vollbrachte nämlich ganz unglaubliche Dinge... Dieser war der Christus... mit der Kreuzigung bestraft... Er erschien ihnen nämlich am dritten Tag wieder lebend.«*

Publius Cornelius Tacitus (55-115) Der römische Historiker

Tacitus schreibt in den ›Annalen, 15·44‹ über die neronischen Verfolgungen: *»... jene Leute, die das Volk wegen ihrer Schandtaten haßte und mit dem Namen ›Christen‹ belegte. Dieser Name stammt von Christus, der unter Tiberius vom Procurator (eigentlich: Praeceptor) Pontius Pilatus hingerichtet worden war.«*

Gaius Plinius Caecilius Secundus (61-113) Der römische

Politiker und Schriftsteller Plinius der Jüngere berichtet in ›Epistulae, 1o·96‹: Die Christen singen einen Hymnus zu *»Christus, als sei er ein Gott.«*

Gaius Suetonius Tranquillus (7o-14o) Der römische Bibliothekar und Schriftsteller Sueton schreibt in der ›Nero-Biographie, 16‹: »*Mit Todesstrafen wurde gegen die Christen vorgegangen, eine Sekte, die sich einem neuen und gefährlichen Aberglauben ergeben hatte.*« In der ›*Claudius-Biographie, 25*‹ heißt es: »*Die Juden vertrieb er* (Claudius) *aus Rom, weil sie, von Chrestus aufgehetzt, fortwährend Unruhe stifteten.*«

Babylonischer Talmud βanhädrin 6·1: »*Am Rüsttag zum Pessachfest hängte man Jeschua den Nazoräer... Er geht hinaus, um gesteinigt zu werden, weil er gezaubert und Jißrael verführt und zum Abfall verleitet hat... und so hängte man ihn am Rüsttag des Pessachfestes.*« βanhädrin 43a: »*Er* (Jeschua) *war ein Verführer und von ihm hat der Allbarmherzige gesagt:* »*Du sollst ihm keine Schonung erweisen und seine Schuld nicht bedekken* (Dt13·9)... *Er stand der Königsherrschaft* (der Römer?) *nahe.*" βanhädrin 1o·1f: Er war kein *Jeschua* (=*Retter*), sondern ein *Bileam* (= *Balaam* = *Verwirrer*).« Num31·8·16

Mara bar-Sarapion (1.Jh nJ) Weder Jude noch Christ, schrieb der stoische syrische Philosoph Mara bar-Sarapion aus römischer Gefangenschaft an seinen Sohn Sarapion kurz nach 73 nJ: »*...was hatten die Athener für einen Nutzen davon, daß sie Sokrates töteten... oder die Samier von der Verbrennung des Pythagoras...oder die Juden von der Hinrichtung ihres weisen Königs, da ihnen von jener Zeit an das Reich weggenommen war?*« nach Theißen & Merz 1996

Thomas-Evangelium (7o-125 nJ) Die koptisch und zT griechisch überlieferten 114 Einzelsprüche (Logien) werden neuerdings im Wert den kanonischen Evangelien gleichgestellt und sind zT gnostisch beeinflußt (Lüdemann & Janßen 1997/ Berger & Nord 1999/ G. Lüdemann 2ooo).

ThEv 12: *»Woher auch immer ihr gekommen seid, geht zu Jaaqov ha-Zaddiq. Um seinetwillen sind der Himmel und die Erde entstanden. ‹ «*
ThEv 3o: *»Jehoschua sagt: ›Wo drei Götter sind, da sind Götter. Wo aber zwei Menschen sind oder auch nur einer, da bin ich mit ihm. ‹ «*
ThEv 31: *»Jehoschua sagt: ›Kein Prophet ist willkommen in seinem Dorf. Kein Arzt kann die heilen, die ihn gut kennen. ‹ «*

Exkurs (2) : Jehoschua und Schaul Paulus
»In keiner Weise zeigt er (Schaul) sich bemüht, die Predigt des irdischen Jesus weiterzutragen. Nirgends redet er von dem Rabbi von Nazareth, dem Propheten und Wundertäter, dem Tischgenossen der Zöllner und Sünder, von seiner Bergpredigt, seinen Reich-Gottes-Gleichnissen und seinem Kampf gegen Pharisäer und Schriftgelehrte. Nicht einmal das Vaterunser begegnet in seinen Briefen. Nur vier sehr verschiedenartige und nicht eigentlich repräsentative Herrenworte zitiert er (1Kor 7.1of/9.14/11.23/1Thess 4.15)... Der irdische Jesus scheint abgetan. « (G. Bornkamm 1969)

Theologie des Neuen Testaments ohne Jehoschua

>Theologie des Neuen Testaments< ist der Titel eines Buches von Rudolf Bultmann ([5]1965), das folgendermaßen beginnt: »Die Verkündigung Jesu gehört zu den Voraussetzungen der Theologie des NT und ist nicht ein Teil dieser selbst. Denn die Theologie des NT besteht in der Entfaltung der Gedanken, in denen der christliche Glaube sich seines Gegenstandes, seines Grundes und seiner Konsequenzen versichert. Christlichen Glauben aber gibt es erst, seit es ein christliches Kerygma gibt, d.h. ein Kerygma, das Jesus Christus als Gottes eschatologische Heilstat verkündigt, und zwar Jesus Christus, den Gekreuzigten und Auferstandenen... Quelle für die Verkündigung Jesu sind die synoptischen Evangelien... In den Synoptikern ist zudem durchweg zwischen alter Tradition, Gemeindebildung und evangelistischer Redaktion zu unterscheiden. -- Der beherrschende Begriff der Verkündigung Jesu ist der Begriff der Gottesherrschaft... Daran, daß das Leben und Wirken Jesu, gemessen am traditionellen Messiasgedanken, kein messianisches war, läßt im übrigen die synoptische Tradition keinen Zweifel...«

R.Bultmann unterscheidet also die >alte Tradition< von der >Gemeindebildung und evangelistischen Redaktion<, wobei die >alte Tradition< durchaus nicht mit dem historischen Jehoschua gleichzusetzen ist, vielmehr Elemente des zelotisch-messianischen literarischen Jehoschua enthält, insbesondere die >Gottesherrschaft<, für die der pazifistische familiäre Bet Abba Jachwä ein extremer Gegensatz ist.

Den orthodoxen, katholischen, protestantischen, Bult-
mannschen und anderen Theologien des NT steht keine
jüdische Theologie gegenüber, weil es im Hebräischen
den Begriff >Theologie< nicht gibt (nur das Fremdwort
>Theologia<) und es im Judentum die >Rede von Gott<
oder gar die >Wissenschaft von Gott< nicht gibt, sondern nur Bibelwissenschaft und Talmudwissenschaft.
Pinchas Lapide betrachtete sich allerdings als >jüdischen
Neutestamentler<.

Das NT enthält also eine jüdische pazifistische, zelotische und messianische Schriftgelehrsamkeit neben einer
christlich messianischen Theologie, wobei R.Bultman
dem >historischen Jehoschua< sowohl pazifistische als
auch zelotisch-messianische Elemente zuordnet und alles andere als Gemeindebildung und evangelistische Re-
daktion bezeichnet. Ich dagegen ordne dem historischen
Jehoschua nur den Pazifismus zu und alles andere dem
literarischen Jehoschua, dh die Trennlinie zwischen historisch und literarisch wird einmal hinter und einmal vor
dem Zeloten, bzw dem Messias gezogen.

Keinen Unterschied zwischen Geschichte und Literatur
zu machen, gehört zum Wesen des Sadduzäismus des
Altertums, des großkirchlichen Christentums bis zum
frühen Mittelalter, der Orthodoxie und des Fundamentalismus heute.

Christlicher Antijudaismus und seine Vorstufen

Der ›christliche Antijudaismus‹ gehört nicht nur zu den drängendsten Fragen des Christentums angesichts der Schoa, sondern auch zu den größten Rätseln der Religionsgeschichte und wird dadurch zur Hauptfrage der Anthropologie des Neuen Testaments.

Der ›christliche Antijudaismus‹ hat eine einzige unbedingte Voraussetzung und gerade diese wird nicht erfüllt. Um christlich zu sein, darf sich der Antijudaismus nicht gegen Christus wenden, dh Christus darf kein Jude sein. Doch Martin Luther, einer der Hauptvertreter des christlichen Antijudaismus, war zugleich einer der entschiedensten Verfechter der These, daß Jehoschua bän-Joßef ein Jude war. M.Luther unterschied ›lobenswerte‹ Juden, nämlich Jehoschua und seine Schüler, die dadurch zu Christen werden und ›tadelnswerte‹ Juden, die unbekehrbar und verstockt sind.

Antijudaismus · 1

Gegen die ›judaistische‹ Beschneidung der Neubekehrten

›Judaisten‹ nennt man diejenigen konservativen Anhänger des Messias Jehoschua, die neben der messianischen Taufe die Beschneidung für heilsnotwendig halten. — Der ›Hellenist‹ Schaul Paulus dagegen hält allein die messianische Taufe für heilsnotwendig. Indem er den ›Judaisten‹ widerspricht, wird er zum ersten ›Antijudaisten‹ des NT.

Schaul ist überzeugt, daß die Neubekehrten Jere-Älohim (dem Judentum nahestehende Nichtjuden) und Gojim (alle Nichtjuden) den Umweg über die Beschneidung nicht zu nehmen bräuchten und am ganzen Heil des auserwählten Volkes der Juden dadurch teilhaben, daß sie in den Messias getauft werden. — Der Antijudaismus·[1] wendet sich nicht gegen die Juden, sondern gegen eine bestimmte jüdische Missions·Strategie, die »Judaismus»< genannt wird, der freilich auch eine bestimmte Theologie zugrunde lag.

Antijudaismus·[2]

Wendung gegen das jüdische Tora-Verständnis

Der Antijudaismus[2] des Schaul wendet sich gegen den Heilscharakter der Tora, der Weisung, (Röm 4·[15] / 1o·[4]). Außer zweifellos vorhandenen religiösen Entartungserscheinungen verwirft er die grundsätzliche Orientierung an der Tora als untauglichen Versuch der Selbsterlösung. Am Begriff des auserwählten Volkes festhaltend, versteht er den Messias Jehoschua als den, der zwischen dem Richtigen und Falschen in der Tora unterscheiden kann. Der Jude Jehoschua beginnt sich in einen nichtjüdischen, weil überweltlichen *Kyrios Iäsus Christos* zu verwandeln (1Thes 2·[15]). - Der Antijudaismus·[2] wendet sich nicht gegen die Juden, sondern in widersprüchlicher Weise gegen die Tora und ihre Interpretation und ist durchaus noch im Rahmen einer extremen pharisäischen Kritik denkbar.

Antijudaismus · 3

Judenhaß griechischer Gojim Meschichiim, dh Christen

Der Antijudaismus · 3 des vierten Evangelisten Joh ist blinder Judenhaß. Der schlimme Satz (Joh 8 · 44) von den Juden, *"die den Diabolos zum Vater"* haben, wird dazu noch dem Juden Jehoschua in den Mund gelegt. Jehoschua hat sich aus einem Juden in einen Griechen mit dem griechischem Namen ›Iäsus‹ verwandelt. - Der Antijudaismus · 3 verteufelt die Juden als Volk der *Gottesmörder*. Aber auch das ganze Alte Testament ist mit Hilfe der griechischen SEPTUAGINTA zu einem hellenistischen Buch geworden, so daß der jüdische Ursprung des Christentums fast vollständig zum Verschwinden gebracht wurde.

Die Geschichte des nachbiblischen christlichen Antijudaismus kann hier nicht geschrieben werden. Eine große Zahl der Kirchenväter ist an ihm beteiligt, nachzulesen bei KH. Deschner: Kriminalgeschichte des Christentums Bd 1, Kapitel 2. Als Judenfeinde ragen heraus: Barnabas, Ignatius, Justin, Melito von Sardes, Hippolyt, Cyprian, Origines, Tertullian, Augustinus, Isidor von Sevilla, Gregor von Nyssa, Athanasius, Euseb, Ephräm, Johannes Chrysostomus, Hieronymus, Hilarius von Poitiers & Ambrosius. - Ich begnüge mich mit weiteren drei Stufen des Antijudaismus der neueren und neuesten Zeit:

Antijudaismus · 4

Aufforderung zum Mord an »verstockten‹ Juden
(gegen die jüdische Religion)

Martin Luther fordert die Mitchristen zum Mord an den unbelehrbaren, dh unbekehrbaren Juden auf.

In ›Von den Juden und ihren Lügen‹ schreibt er 1543: "Daß man ihre Synagogen oder Schulen mit Feuer anstecke, und was nicht verbrennen will, mit Erde überhäufe und beschütte, daß kein Mensch einen Stein oder Schlacke davon sehe ewiglich. Und solches soll man tun unserem Herrn und der Christenheit zu Ehren, damit Gott sehe, daß wir Christen seien... daß man ihnen verbiete, bei uns öffentlich Gott zu loben, zu danken, zu beten, zu lehren, bei Verlust Leibes und Lebens. " -

Der theologische Antijudaismus geht nahtlos in den politischen über. Der Ordinarius für Philosophie J.Fries schreibt 1816: "Die bürgerliche Lage der Juden verbessern, heißt, eben das Judentum ausrotten. " und 1819: "Brüder in Christo... es ist Zeit, das Geschlecht der Christusmörder zu unterdrücken... Auf, wer getauft ist, es gilt der heiligsten Sache... Aller Juden Tod und Verderben, ihr müßt fliehen oder sterben. "

Antijudaismus [5]

Aufforderung zum Mord an allen Juden
(gegen die jüdische Rasse)

Gut theologisch vorbereitet, fordert Adolf Hitler in >Mein Kampf< den unbedingten Judenmord: »So glaube ich heute im Sinne des allmächtigen Schöpfers zu handeln: Indem ich mich der Juden erwehre, kämpfe ich für das Werk des Herrn.« (1925/1926). Die Konsequenz hieß: Schoa, der Genozid an 6 Millionen Juden, die unvergebbare Schuld unseres Volkes. — Den unzutreffenden Begriff des >Antisemitismus< verdanken wir dem deutschen Politiker W. Marr (1818-19o4), der ihn 1878 zum erstenmal gebrauchte. (Auch die Araber sind Semiten. Auch die deutsche Schrift und die germanischen Runen sind semitischen Ursprungs.)

Keinen Zusammenhang zwischen dem religiösen Antijudaismus des 1. und dem politischen Antisemitismus des 19. und 2o. Jahrhunderts sieht Hannah Arendt im Vorwort ihres Hauptwerkes von 1951/1973 (1998), wenn auch der Text selbst eine andere Sprache spricht.

Antijudaismus [6]

Gegen den Urheber des Christentums,
den Juden Jehoschua bän-Joßef

Das vorläufig letzte Wort hatte die historisch·kritische Theologie. Ulrich Wilckens schreibt 1974: »Weil sich so das Christentum nicht nur religionsgeschichtlich, sondern vor allem auch theologisch gesehen, aus jüdischer Glaubensüberlieferung herausgebildet und gegen *dieses sein eigenes Profil gewonnen hat, sind die ›an-tijudaistischen‹ Motive im Neuen Testament christ-lich-theologisch essentiell... (aber es ist nicht nur) jeder Verquickung dieses Antijudaismus mit Antisemitis-men aller Art, sondern auch jeder religiös begründeten Verteufelung des jüdischen Volkes zu wehren. «*

Ganz ist die Verquickung wohl nicht zu vermeiden, wie der bisherige Lauf der Geschichte vermuten läßt, aber vielleicht versteht sich der christliche Antijudaismus deshalb als ›essentiell‹, weil er das einzig eindeutig Nichtjüdische am Christentum ist.

Der christliche Antijudaismus zerstört seine eigenen Fundamente, wie die Zivilisation ihre eigene Erde zer-stört. Schoa und Umweltschäden, Schuld und Verant-wortung müssen sich nach Millionen Jahren messen lassen, wenn überhaupt. Das Gesicht der Erde und der Geschichte hat sich verfinstert. Noch können wir die krankhaften Aggressionen und Autoaggressionen weder verstehen noch heilen. Wir sind Täter und Opfer zu-gleich.

Nicht wenige Christen und ihr ›essentieller Antijudaismus‹ stehen auf der einen Seite, der Jude Jehoschua, seine Schüler und Freunde auf der anderen Seite der kaum überbrückbaren Schlucht Schoa.

Stellvertretend für viele christliche Freunde des Juden Jehoschua sei des dänischen Märtyrers Kaj Munk (1898-1944) gedacht, des Pfarrers und Schriftstellers, der wegen seiner entschiedenen Gegnerschaft zur Judenverfolgung 1944 von der Gestapo ermordet wurde.

Solcher Judenfreunde in Wort und Tat sollte nicht nur in Jad wa-Schem (Yad Vaschem) gedacht werden. Sie sind die Brückenbauer unserer Zukunft nach der Schoa, nicht nur nach Auschwitz. — Jad wa-Schem ist die 1953 eröffnete jißraelische Gedenkstätte für die Opfer und Helden der Schoa.

Zur Diskussion und Bibliographie der internationalen Schoa-Forschung siehe Christoph Münz: *Der Welt ein Gedächtnis geben — Geschichtstheologisches Denken im Judentum nach Auschwitz* (1996).

Exkurs (³): *Die Scherflein der Witwe*

Glosse in Ich-Form

»Und Jehoschua setzte sich dem Opferkasten gegenüber und sah zu, wie die Leute Geld in den Opferkasten warfen und viele Reiche viel hineinwarfen. Und eine arme Witwe kam und warf zwei Lepta ein, das ist ein Kodrantes. Da rief Jehoschua seine Schüler zu sich und sprach zu ihnen: ›Wahrlich, ich sage euch, diese arme Witwe hat mehr eingeworfen, als alle, die etwas in den Opferkasten eingeworfen haben. Denn alle haben von ihrem Überfluß gegeben, sie aber hat in ihrer Armut alles weggegeben, was sie zum Leben hatte‹«.
Mk 12·⁴¹⁻⁴⁴

Das war das Thema der Predigt von Bischof Dr. D. D. D. Johannes Hempel in der Matthäuskirche in Dresden am 22. 3. 1987.

Am Montag erinnerte ich mich, daß eher *›ein Kamel durch das Nadelöhr hindurchgehen, als ein Reicher in den Himmel kommen‹* könnte (Mk 1o·²⁵parr). Ich ging auf die Bank und löste alle Konten auf, damit ich auch die letzte Mark bekäme, die sonst auf dem Konto hätte bleiben müssen. Doch ließ sich das Wertpapier von 7o. ooo. – nicht sofort zu Bargeld machen und sein schneller Verkauf würde nur mit großem Verlust möglich sein. – Ich gab Anweisung, alle anfallenden Gelder sofort anonym an ›Brot für die Welt‹ zu überweisen und alle Daueraufträge zu stornieren. Die Dauerabbuchungen würden sich von allein erledigen.

Am Mittag fragte mich der Abteilungsleiter der Computerfirma, ob ich überraschend krank geworden sei. Ich verneinte und kündigte eine schriftliche ›fristlose Kündigung aus religiösen Gründen‹ an, die ich selbst noch am Nachmittag an der Pforte der Firma abgab.

Am Dienstag rief mich der Personaldirektor an und sprach sehr freundlich, wie zu einem Kranken. Er betrachtete die Kündigung als gegenstandslos, da die Firma auf meine Mitarbeit nicht verzichten könnte. Er vermutete einen Nervenzusammenbruch infolge Überarbeitung, wie er bei einem seiner nahen Verwandten auch vorgekommen wäre. Nach Resturlaub, Jahresurlaub und 6 Wochen zusätzlichem Kurlaub möglichst in nervenärztlicher Betreuung, würde er sich gern mit mir über die Bedingungen einer für beide Seiten wünschenswerten Weiterarbeit unterhalten.
Ähnlich sprach auch der Pfarrer von einer *›ekklesiogenen Neurose wie sie bei intelligenten und übergewissenhaften Menschen nicht selten sei. Aber wo kämen wir hin, wenn aus jedem Kirchensteuerzahler ein Sozialfall würde.‹* Er meinte, man dürfe das ›Wort Gottes‹ nicht zu wörtlich nehmen und erinnerte an Luthers Trennung von *›Person und Amt‹*. Er wollte gern nocheinmal ausführlicher mit mir reden, müsse aber leider diese Woche auf eine seelsorgerliche Fortbildung und sei deshalb sehr in Eile.

Am Mittwoch wurde mir klar, daß der Verkauf der Habe wegen Räumung der Wohnung schnell erfolgen müsse und ich verabredete für Freitag einen Termin mit dem Antiquar zur Schätzung meiner Bibliothek. Für die angeblich von Jahr zu Jahr wertvoller werdenden Sammelteller konnte mir niemand einen Abnehmer nennen. Auch mehrere soziale Dienste wollten nur ausgesuchte Einzelstücke bei Selbstanlieferung kostenlos annehmen. Dasselbe galt für ›Die gute Tat‹, einen Service örtlicher Zeitungen und Rundfunkstationen. - Das Meiste des allgemein für wertvoll gehaltenen Besitzes erwies sich als unverkäuflich und unverschenkbar, ja selbst der Sperrmüll war nur begrenzt einsetzbar und die ›Entsorgung‹ kurzfristig nur mit Lastwagen und Packern machbar. So erwies sich die erträumte Umverteilung des Reichtums eines Einzelnen an viele Arme als Illusion und eine sinnlose Verschleuderung und Vernichtung von Werten beherrschte die Szene.

Da ich mein Bargeld in verschiedene Opferkästen eingeworfen hatte, versuchte ich ein Brot auf Kulanzbasis zu erwerben. Der Bäcker vermutete, daß ich meinen Geldbeutel vergessen hätte und hielt meine Grundsatzerklärung für einen gelungenen Scherz. Er gab mir unverlangt ein großes Stück Mohnkuchen aus alter Freundschaft.

Am Donnerstag stellte ich fest, daß es in unserem Teilort keinen kirchlichen Mittagstisch gibt. Außerdem meinte die befragte Sekretärin, mit der ich schon oft telefoniert hattte, *›daß die Mittagstische eigentlich für Arme und nicht für »Armutsspiele« gedacht seien‹*. Ich kam mir vor, wie ein Drahtseilartist über dem sozialen Netz. Über das aktuelle Verhalten der Stadtstreicher konnte ich mich nicht informieren, da wir in dieser Hinsicht eher ein Dorf sind, aber auch Landstreicher derzeit unbekannt sind.

Am Freitag kam der, von einem befreundeten Antiquar wärmstens empfohlene ›Gebrauchtbuchhändler‹ und stellte nach kurzer Durchsicht fest, daß er meine für 1oo.ooo DM angeschaffte Bibliothek für 1.8oo DM übernehmen könne. Hinweise auf das Handexemplar der Vulgata des Herzogs Christoph von Württemberg von 1544 ließen ihn unbeeindruckt, da er über keinen entsprechenden Kundenkreis verfüge und außerdem die Titelseite fehle. Ich könnte aber durch ein spezifiziertes Angebot an Fachantiquare möglicherweise ein Vielfaches seines Angebotes erzielen, müsse mich aber auf eine Wartezeit von mehreren Monaten einstellen und außerdem die Mehrheit der dann verbleibenden Bücher in einen gemieteten Container werfen, während er das Unverkäufliche an deutschsprachige Asylanten kostenlos abgäbe. – Mit Mühe auf DM 2ooo heraufgehandelt, versprach er am Wochenende alles von zwei Studenten abholen zu lassen. Das Geld zahlte ich noch am Nachmittag bei der Post für ›Brot für die Welt‹ ein und mußte dabei an die auf einer Holzbank mit dem Messer eingeritzte Sentenz denken: ›Brot für die Welt, die Wurst bleibt hier‹. Auch ging mir die Notiz im FOCUS nicht aus dem Sinn, ›jährlich würden die Reisen der Mitarbeiter von UNESCO mehrere Millionen DM verschlingen‹.

Am Samstag kam ich nicht zum Nachdenken, da wir zu dritt bis in die frühen Abendstunden mit dem Hinauskarren der Bücherkartons in den Kleintransporter verbracht hatten und noch 47 Kartons am Sonntag abgeholt werden sollten, weshalb ich auf den Kirchgang verzichten mußte.

Am Sonntag überlegte ich, wann die Wirtin mich kündigen und wann die TELECOM das Telefon sperren würde. Vielleicht wäre es besser, durch Verlegung des Wohnsitzes (in ein leerstehendes Bauernhaus) Zahlungsbefehlen und Vorladungen zuvorzukommen. Andererseits wären Pfändungen vielleicht der einzige Weg, die unveräußerbare Habe loszuwerden. Ich stellte fest, daß der Tank des ASTRA noch fast halbvoll war und ich lud einige Lamawolldecken, Wäsche und einen ärmlich aussehenden Anzug, einen Spirituskocher, einen Topf, eine Pfanne und die Reste der Speisekammer ein. - Den Wagen stellte ich in die leere Scheune, wo ich ihn in Zukunft als Großtresor für Unentbehrliches, wie Gaskocher, Töpfe und Wolldecken verwenden wollte, obwohl der Diebstahl solcher Güter nicht die Regel ist. - Dann ging ich zwei Stunden zu Fuß in die noch nicht amtlich versiegelte Wohnung zurück.

Aber am Montag betrachtete ich meinen unverkäuflichen Computer, durch den ich immer noch der reiche Mann war, einer, der teure, aber unverkäufliche Sachen besitzt. - Da man einen Computer nicht ohne Strom betreiben kann, nahm ich wenigstens die 4o Disketten mit meinem Lebenswerk, das seit über drei Monaten bei einem Verlag zur Prüfung lag, in Verwahrung.

Ich hoffte, irgend eine Handlung der Gesellschaft bzw der Behörden würde den Weg an die Armutsgrenze beschleunigen. Oder sind die Maschen des sozialen Netzes so eng, daß alle, die nicht wirklich tief fallen können, gar keine Armen im Sinn des Neuen Testaments sind. - Wie hatte doch neulich die niederländische Missionswissenschaftlerin (Studium in USA) so schön gesagt: *›Konvivenz muß dem Dialog vorausgehen, Zusammenleben dem Gespräch‹.* Wie lange haftet aber das Kainszeichen des Reichtums an uns, daß wir dem unverschuldet und ungewollt Armen nicht mit unserem ›Armutsspiel‹ auf die Nerven fallen? Wäre es vielleicht besser gewesen, ich hätte mit einem wirklich Armen meine Rolle getauscht? Oder hätte ich diesen dadurch in die Hölle befördert? Und bin ich überhaupt, *›ein des Geistes wegen arm Gebliebener‹,* wie der hebräische Urtext von Mt 5·3 wohl gelautet hat? Oder bin ich gar ein um des (himmlischen) Vorteils willen auf arm getrimmter Heuchler?

›Was werden wir essen, womit werden wir uns kleiden, nach diesem allen fragen die Heiden‹ & ›es genügt, daß jeder Tag seine eigene Sorge habe‹ (Mt 6·25ff/6·34). Noch war von dem Brot da und eine angebrochene Wurstkonserve im Kühlschrank, da erinnerte mich der Kontoauszug der Postbank daran, daß ich ein Guthaben von 3500. – übersehen hatte und soeben mein Gehalt eingegangen war. – Wie man einen Schalter umlegt oder wie der soeben ermordete Mohr, sich am Ende des Stückes artig verbeugt, fragte ich mich, welchen irreparablen Schaden meine ›religiöse Krise‹ verursacht hätte. Ich verhandelte mit dem Antiquar und der Bank und außer einer großherzigen anonymen Überweisung an ›Brot für die Welt‹ in Höhe von 27.378,23 DM war eigentlich nichts geschehen, was nicht rückgängig gemacht werden konnte. Ich zahlte dem Bäcker das Brot, schenkte ihm einen Taschenrechner mit großen Ziffern, da er für den Mohnkuchen kein Geld nehmen wollte. – Ich versuchte in Zukunft einen humanen Mittelweg zwischen Verrücktheit und Berechnung, weniger großen Worten und ganz kleinen Diensten für wirklich arme, kranke oder leidende Menschen zu finden.

Am Ende des Buches

Vom Gott Jesus Christus der Verkündigung und des Glaubens wissen wir alles mit absoluter Gewißheit: seine Existenz vor der Schöpfung, seine Geburt von der Jungfrau, seine Einzigartigkeit als sündloser Lehrer, sein freiwilliger Tod am Kreuz zur Erlösung der Gläubigen, seine Auferstehung, sein Sitzen zur Rechten Gottes und sein Richteramt am jüngsten Tag. Die Theologie bedarf keiner Beweise, Zweifel kennt sie nicht.

Vom historischen Jehoschua bän-Joßef wissen wir nichts Sicheres. Seine Existenz ist ebenso unbewiesen wie sein Name. Kein einziger, der ihm in den Mund gelegten Sätze ist unstrittig. Für die Realität des Rabbi Jehoschua spricht aber sein Irrtum bezüglich der Naherwartung des Bet Abba Jachwä. (Irrende erfindet man nicht.) - Seine Stellung zur Tora, die zwischen Bewahren, Verschärfen und Abmildern schwankt, macht ihn zum pharisäischen Rabbi. Eine mögliche Schule ist der hillelitische Bet Däräch. Geistesverwandte als Propheten und Heiler sind Choni Maggel (der Kreiszieher) und Chanina bän- Doßa. Beide wurden (wie vermutlich Jehoschua) aramäisch *Rabbi u-Mari* (Meister und Herr) angesprochen und Chanina sprach Jachwä, so wie auch Jehoschua, mit *Abba* (lieber Vater) an. - Für die Geburt, Kindheit, Jugendzeit und Ausbildung bleiben uns nur Mutmaßungen. Am Beruf des Tischlers braucht man nicht zu zweifeln, da alle pharisäischen Lehrer einen handwerklichen Brotberuf ausübten (Hillel war Holzfäller).

Die Ethik des Jehoschua meint nicht den Fernsten, sondern den unbequemen Nächsten vor unserer Tür, hinter unserer Wand, die ausgegrenzten Straffälligen und Kranken, die Behinderten und Sterbenden, die krankhaft Depressiven und nachvollziehbar Traurigen, die Stadtstreicher und Wohnsitzlosen. Wir alle kommen ja aus dem gleichen Ursprung, den gleichen Atomen, wie immer wir entstanden oder gemacht sind.

Die Unausweichlichkeit jeder Endzeit, der persönlichen und der allgemeinen, kann biologische, ökonomische, politische und theologische Wurzeln haben. Inhumanität, Erschöpfung der Resourcen und Zerstörung der Umwelt sind drei Seiten einer Sache. Allein radikale Maßnahmen und Ziele wurden den damaligen und werden den heutigen Lebensumständen gerecht. Liebevoller Umgang mit Gleich- und Andersdenkenden, Nahen und Fernen, führt am weitesten in Richtung auf eine menschlichere jehoschuanische Welt.

Eine Hauptaufgabe der Gegenwart ist der interreligiöse Dialog, zunächst der jüdisch-christliche, als Voraussetzung eines Dialogs mit Rabbi Jehoschua bän-Joßef, dem Propheten des progressiven Judentums. Im Augenblick sieht es so aus, als hätten die Juden mit Jehoschua bän-Joßef weniger Probleme als die Christen.

So schreibt Rabbi Leo Baeck, die führende Persönlichkeit, des deutschen liberalen Judentums 1938: *»Die jüdische Geschichte, das jüdische Nachdenken darf an ihm (Jesus/Jehoschua) nicht vorbeischreiten, noch an ihm vorbeisehen. Seit er gewesen, gibt es keine Zeiten, die ohne ihn gewesen sind, an die nicht die Epoche herankommt, die von ihm den Anfang nehmen will. «*

Am Ende des Buches bleibt mir nur der Dank an treue Verwandte und gute Freunde, welche die umfangreichen Vorstudien und die komprimierte Endfassung kritisch gelesen und begleitet haben. Ist doch das vorliegende Buch nur die Momentaufnahme eines mit längeren Unterbrechungen 56-jährigen Bemühens um Rabbi Jehoschua bän-Joßef. — In den letzten Jahren war ich oft hahe daran, die Flinte ins Korn zu werfen, angesichts sich auftürmender immer neuer Probleme. Hier erfuhr ich entscheidende Ermutigung, Hilfe und unermüdliche Materialbeschaffung in erster Linie durch Frau Else Held-Röhm, Herrn Dr.Peter Alius, Herrn Professor Dr. Armin Berthold, Herrn Dr.Konrad Betz, Herrn Wolfgang Jesinger, Herrn Dr. Helmut Reinwein, Herrn Bernhard Staudacher und vor allem durch meine Frau Alice.

Die Kohlezeichnung auf dem Außentitel: ›Jehoschua lehrt im Tempel‹ stammt vom Verfasser aus den fünfziger Jahren.

Ein Bruchteil meiner Notizen zur Ideengeschichte eines Propheten auf dem Schreibtisch und in den Regalen, Schränken, Kästen, früheren Fassungen und Erinnerungen liegt nun vor dem Leser. Keine Quintessenz, die es weder ist noch sein kann, keine Schlußfolgerung ... nur der Wunsch an Berufenere, es neu, anders, besser zu machen, die Leidenschaft, Besessenheit, das Unmögliche auszuhalten, die Last des Propheten zu tragen...

der engel

die gestalt

des unvergeßlichen wortes

richtet

die fallende schöpfung

auf

Verzeichnisse

Literatur-Verzeichnis

● =unentbehrlich/   o =habe ich nicht
□ =letzter Verlagsort/   [...]=Hinweise für Leser
1900 =letzte Bearbeitung/   (1900)Nachdruck

●Arenhoevel, Deißler & Vögtle: Bibel deutsch □Freiburg 1965 *vergriffen* [meine Standard-Übersetzung]
●Augstein, Rudolf: Jesus Menschensohn □Hamburg 1972/²1999 [umfassende aktuelle Literaturübersicht]
oBaeck, Leo: Das Evangelium als Urkunde der jüdischen Glaubensgeschichte □ Berlin 1938
●Bauer & Aland: Griechisch → Deutsches Wörterbuch zum NT □Berlin ⁶1988
●Becker, Jürgen: Jesus von Nazaret □Berlin 1996
Ben-Chorin,Schalom: Bruder Jesus □München 1967(1987)
●Ben-Chorin in NLJ → Schoeps, J.H. 1992
Berger, Klaus: Theologiegeschichte des Urchristentums □Tübingen 1994
Berger & Nord: Das NT und frühchristliche Schriften □Frankfurt/M 1999 [alle Texte chronologisch]
Betz, Otto: Was wissen wir von Jesus ? □Wuppertal ²1991 [sehr wichtig für Jehoschua außerhalb des NT]
●Beyer, Klaus: Die aramäischen Texte vom Toten Meer □Göttingen Bd.I 1984 [Muttersprache des Jehoschua]
●Billerbeck, Paul: Mt erläutert aus Talmud & Midrasch □München 1926 (1986)
Black, Matthew: An Aramaic approach to the gospels and acts □Oxford 1946/ □Stuttgart 1982
Bornkamm, Günther: Paulus □Stuttgart 1969
Bultmann, Rudolf: Theologie des NT □ Tübingen 1958/ ⁵1965 [Theologie des NT ohne Jehoschua !]
Buri, Fritz: Der Buddha-Christus als der Herr des wahren Selbst □Bern 1982

oBurney, Charles Fox: The Poetry of our Lord ▫Oxford 1925 [Jehoschua als hebräischer Dichter]

●Buxtorf, Johann: Lexicon hebraicum & chaldaicum in sacra biblia ▫ Basel ⁶1621

oCalvin, Johann: Commentarii in harmoniam 1555

Carmichael, Joel: Leben und Tod des Jesus von Nazaret ▫München 1962 (1968)

oChen, Salman: Derachim Laschamayim / = Wege zum Himmel ▫Tel Aviv 1972 nach P.Lapide 1976 (³1988)

Crossan, J.D.: Jesus, ein revolutionäres Leben ▫München 1996 [Jehoschua, der Analphabet!]

oDalman, Gustav: Jesus -Jeschua ▫Leipzig 1922 (1967)

●Dalman, Gustav: Aram. & Hebr. ➔Deutsch HWB zum Talmud ▫Hildesheim 1938 (1987)

oDe Jonge: Jeschuah ▫Berlin 19o4

den Heyer, Cees J.:Der Mann aus Nazaret/Bilanz der Jesusforschung ▫Düsseldorf 1998

Eisenman, Robert: Jakobus der Bruder von Jesus ▫ New York 1997/▫München 1998

Flusser, David: Jesus ▫Hamburg 1968/²1999

Flusser, David: Entdeckungen im NT ▫Neukirchen-Vluyn Bd.1 ²1992/Bd.2 1999 [für Laien zu speziell]

Friedländer, Moriz: Die religiösen Bewegungen inner-halb des Judentums im Zeitalter Jesu ▫Berlin 19o5

Golb, Norman: Qumran/Wer schrieb die Schriftrollen vom Toten Meer ▫New York/Hamburg 1994

Hieronymus VULGATA Bibel lateinisch 383-4o6 nJ ▫Basel (1544)[Handexemplar des Reformators Herzog Christoph von Württemberg (1515-1568)]

Homolka, Walter (Herausgeber):Die Lehren des Juden-tums nach den Quellen ▫München 1928-1930/1999

●Jastrow, Marcus:Dictionary of the Targumin...Tal-mud...Midrasch ▫New York 19o3 (1971)

● Jenni & Westermann: Theologisches Handwörterbuch zum AT □München Bd I/II ³1984

Kjaer-Hansen & Kvarme: Messianische Juden/Judenchristen in Israel □Erlangen 1983

oKlausner, Joseph: Jeschu ha-Nozri □Jerusalem 1922 /³1925 〖1. hebräisches Jehoschua-Buch neuerer Zeit〗

● Köhler & Baumgartner: Lex. z. AT □Leiden I/II 1953-1957 (1985)〖Hebräisch/Aramäisch ⇌ Deutsch/Englisch〗

Küng, Hans: Das Judentum □München 1991

● Kuss & Hainz: Münchener Neues Testament □Düsseldorf 1988 〖genau, dh konkordant, aber schlecht lesbar〗

Lapide, Pinchas: Ist die Bibel richtig übersetzt? □Gütersloh 1986/²1987

● Lapide, Pinchas: Ist das nicht Josephs Sohn? Jesus im heutigen Judentum □Gütersloh ³1988

Lapide, Pinchas: Jesus — ein gekreuzigter Pharisäer? □Gütersloh 199o

● Lavy, Jaacov: Langenscheidt-HWB Deutsch⇌Hebräisch □Berlin 2 Bd, ⁷1985-⁶199o

Lüdemann & Janßen: Bibel der Häretiker — Die gnostischen Schriften aus Nag Hammadi □ Stuttgart 1997
　〖erste vollständige deutsche Ausgabe in einem Band〗

● Lüdemann, Gerd: Jesus nach 2ooo Jahren. Was er wirklich sagte und tat □Lüneburg 2ooo〖Evv neu übersetzt〗

Luther, Martin: Großer Katechismus □Wittenberg 1529

oMagnani, Giovanni: Gesù costruttore e maestro □Rom 1997

Magonet, Jonathan: Abraham-Jesus-Mohammed/Interreligiöser Dialog aus jüdischer Perspektive □Gütersloh 2ooo 〖Avraham—Jehoschua—Abul Qasim im Dialog〗

● Maier, Johann: Die Qumran-Essener/Die Texte vom Toten Meer Bd. I/II 1995/o III 1996

Mason, Steve: Flavius Josephus und das NT □Tübingen ²2ooo 〖Rom und Jerusalem im 1. Jahrhundert〗

●Mayer, Reinhold: War Jesus der Messias?/Geschichte der Messiasse... ▢Tübingen 1998

●MEL=Meyers Enzyklopädisches Lexikon 25 Bände & Personenregister ▢Mannheim 1971-1979/1981 〖Nachschlagebuch Nr.1 weit über RGG hinaus〗

●Münz, Christoph: Der Welt ein Gedächtnis geben — Geschichtstheologisches Denken im Judentum nach Auschwitz ▢Gütersloh 1995 (^{2}1996) 〖die Schoa im jüdisch-christlichen Dialog〗

oOsiander, Andreas: Harmoniae evangelicae ▢Basel 1537

●Pschitta NT syrisch-aramäisch 4./5.Jh & hebräisch 2o.Jh ▢Jerusalem (1986)

Renan, Ernest: Das Leben Jesu ▢Zürich1863/1981

RGG^2 Gunkel & Zscharnack Religion in Geschichte und Gegenwart ▢Tübingen 1927-1932/ RGG^3 K.Galling dito 1957-1965 (1986) 〖rein protestantischer Blickwinkel〗

Riesner, Rainer: Jesus als Lehrer ▢Tübingen ^{3}1988

●Roloff, Koch, Otto & Schmoldt: Reclams Bibellexikon ▢Stuttgart ^{2}1979 〖bestes einbändiges Bibel-Lexikon〗

●Schoeps, Julius H.: NLJ=Neues Lexikon des Judentums ▢Gütersloh 1992

Schwarz, Günther: Die Muttersprache Jesu ▢Stuttgart 1982

Schwarz, Günther & Jörn: Das Jesus-Evangelium übers. n.altsyr.Vorlagen ▢München 1993 〖NT-Verbesserung durch Rückübersetzung ins Aramäische〗

●Schweitzer, Albert: Geschichte der Leben-Jesu-Forschung ▢Tübingen ^{2}1913 (1984)

●SEPTUAGINTA (LXX) AT griechisch 25o-13o vJ ▢Stuttgart (1979)

Stern, David H.: Das jüdische NT ▢Stuttgart 1994

Swidler, Leonard: Yeshua - A Model for Moderns ▢USA 1988/ deutsch: Der umstrittene Jesus ▢Stuttgart 1991

●Theißen & Merz: Der historische Jesus/Ein Lehrbuch
◻Göttingen 1996
●Vermes, Geza: Jesus der Jude ◻Neukirchen-Vluyn
1993 〚umfassendste Darstellung von jüdischer Seite〛
Wengst, Klaus: Jesus zwischen Juden und Christen
◻Stuttgart 1999 〚Jehoschua im Dialog nach der Schoa〛
Wilckens, Ulrich: NT kommentiert ◻Zürich 1970/⁷1983
Wilckens, Ulrich: Z.Ev. Theologie 1974 Nr.34:610ff
Zimmermann, Moshe: nach Neue Zürcher Zeitung 1999

Stellen-Verzeichnis

Gen = Genesis/Bereschit/1. Mose

2.4b :114
2.8 :94
17.1 :91/114
22.2ff :92

Ex = Exodus/We·ellä Schemot/2. Mose

15.2 :114
2o.5 :87
23.19 :93
32.27 :87
34.14 :2o

Lev = Leviticus/Wajjiqra/3. Mose

11.1-42 :83
16.2off :92
19.34 :87

Num = Numeri/Bemirbar/4. Mose

19.2 :83
31.8.16 :118
32.1o :85

Dt = Deuteronomium/Ellä ha-Devarim/5. Mose

13.9 :118

Jes = Jeschajahu/Jesaja

1.1ff :1oo
1.11 :41
7.14 :19/114

Mt ...

Mk = Markus-Evangelium

1.29-31parr :61/97
1.40-45parr :61
2.23 :24
2.27 :41/43/55
3.1-6 parr :61
3.17 :59
3.18 :59
5.21-34parr :61
5.30 :70
6.3 :54
6.4-6 :60
7.14--23 :44
7.15 :24/83f/93/99/113
7.25-30 :97
7.31-37 :61
8.28 :42
10.14-15 :39/96
10.25 :129
11.1ff :21
11.15ff :21
11.19 :88
12.41-44 :129
16.16 :39/98
16.18 :70

Lk = Lukas-Evangelium

2.42-50 :50/55
4.23 :60
6.20 :22
10.38-42 :97
10.42 :58
11.5ff :78
11.8 :77

Lk ...

Joh = Johannes-Evangelium :18

Apg = Apostelgeschichte

Jos=Joβef bän-Mattitjahu/Josephus Flavius

Jüdische Altertümer (JA)

14.2.[1] :65
18.3.[3] :117
2o.9.[1] :117

Jüdischer Krieg (JK)

2.8.[2]ff :46f
2.8.[13] :48
2.8.[14] :42/49

Orts-Verzeichnis

Personen-Verzeichnis

Mirjam, Mutter des Jehoschua :13/58
Mirjam benot-Joßef/Schwester des Jehoschua :58
Mirjam ischa-Magdala/Maria Magdalena :58
Mohammed ➡ Muchammad
Muchammad/der Gepriesene ➡ Abul-Qasim Muchammad
Münz, Christoph (✱1961) :128
Munk, Kaj (1898-1944) :128
Nakdimon/Nikodemus :26
Nestorius (-451 nJ) :32
Netanel bar-Talmaj/Bartholomäus :59
Nikodemus ➡ Nakdimon
Nord, Christiane :116/119
Onias der Gerechte ➡ Choni Maggel
Origenes (-254 nJ) :17/124
Osiander, Andreas (1498-1552) :15
Paulus ➡ Schaul Paulus
Petrus ➡ Schimon bar-Jochanan
Philippos/Schüler des Jehoschua :59
Plinius, Gaius Plinius Caecilius Secundus (61-113) :117
Pontius Pilatus :65f
Pool, David de Sola (1885-1970) :25
Posen, Jacob :26
Ratzinger, Joseph (✱1927) :31
Reimarus, Hermann Samuel (1694-1768) :16
Reitz, Johann Heinrich (1655-1720) :116
Renan, Ernest (1823-1892) :16
Riesner, Reiner :35/52/59/80/121
Roloff, Jürgen :26/85
Schammaj ha-Saqen=d.Ä. (50 vJ-30 nJ) :44/56
Schaul Paulus aus Tarsos (5-64) :11/45/47/57/84/119
Schiller, Friedrich von (1759-1805) :50
Schimon bän-Schetach :69
Schimon bar-Jochanan Käfa/Simon Petrus :58f/67/122
Schimon Qannaj/Simon der Zelot :59

Sach-Verzeichnis

Schlüssel zum Semitischen

-a=aramäisch: der,die,das emphatisch/welch ein(e)
bän/bar = Sohn/Adoptivsohn/Nachkomme/ähnlich
Bän-Adam = Menschensohn/Mensch
Bän-Jachwä = Adoptivsohn Gottes
Bän Joβef = Josefs Sohn
bane = Söhne
Bar-Chalpaj = Alphaios
Bar-Talmaj = Bartholomäus
benot = Tochter
Bet = Haus/Ort/Schule/Schulrichtung
Bet-Däräch = Schule des Weges des Jehoschua
Bet-Hillel = Pharisäerschule Hillels
Bet-Lächäm/Haus des Brotes = Betlehem
Bet-Nääman/Schule der Verläßlichkeit von Qumran
Bet-Schammaj = Pharisäerschule Schammais
Chachamim/Weise = Pharisäer
Chavaqquq = Habakuk
Chuzpe = umverschämte Zudringlichkeit/Frechheit
Elijahu = Elia
Emuna = Vertrauen in Jachwä
Gamliel = Gamaliel
Gojim = Fremde/nichtjüdische Völker
ha- = hebräisch: der, die, das emphatisch/welch ein(e)
ha-Maschiach/Hammaschiach = hebräisch: Messias
ha-Matbil = der Täufer
ha-Saqen = der Ältere/d.Ä.
ha-Schoa = Genocid am jüdischen Volk/Holocaust
Hoschea = Hosea
isch = Mann aus../ischa = Frau aus..
Ischa-Magdala = Magdalena
Isch-Qarajot = Iskariot

Jachwä/Jahwe = Jehova/HERR/Gott
Jehoschua/Jeschua/Joschua = Josua im AT/Jesus im NT
Jehuda = Jude/Judäa/Judas
Jeschajahu = Jesaja
Jirmejahu = Jeremia
Jochanan = Johannes
Kefa = Kephas/Petrus
Mattanja/Mattanjahu = Matthäus
Maschiach = hebräisch: der Gesalbte ➡ ha-Maschiach
Meschich = aramäisch: der Gesalbte
Meschicha = aramäisch emphatisch: der Merssias
Mirjam = Maria
Mosche = Mose(s)
Naggar = Zimmermann & Gelehrter
Nazrut = Christentum
Nozrim/Bewahrer = Christen
Nozrim ha-Brit/Bewahrer des Bundes = Nazoräer
Peruschim/Abgesonderte = Pharisäer
Pschitta/Peschitta = aramäisches NT
Qanna = Eiferer/Zelot
Rachamim = Barmherzigkeit
Ramatajim = Arimatäa
Savdiel = Zebedäus
Schaul = Saulus
Schimeon/Schimon = Simon
Schlomo = Salomo
Schoa/Shoah = Katastrophe ➡ ha-Schoa
Secharja = Zacharias
Taddaj = Thaddäus
Targum = aramäischer Tenach
Tenach = hebräische Bibel der Juden (weniger als AT)
Toldot Jeschu = Abstammung des Jehoschua/Hetzschrift
Toma/Zwilling = Thomas
Tora = Weisung/5 Bücher Mosche

Zaddiq/Zaddiqim = Gerechter/Gerechte
Zaddiqia = Gerechtigkeit
Zaddoqim/Anhänger Zaddoqs = Sadduzäer

Abkürzungen

Apg = Apostelgeschichte
AT = Altes Testament, umfangreicher als der Tenach
bzw = beziehungsweise
CD = Damaskusschrift, auch in Qumran
dh = das heißt
Dt = Deuteronomium/Ellä ha-Devarim/5. Mosche
Ev = Evangelium
Ex = Exodus/We·ellä Schemot/2. Mosche
Gal = Brief an die Galater
Gen = Genesis/Bereschit/1. Mosche
Hes = Hesekiel/Jechäseqel
Hos = Hosea/Hoschea
JA = Jüdische Altertümer des Joßef bän-Mattitjahu
Jak = Jakobus/Jaaqov-Brief
Jes = Jesaja/Jeschajahu
Jer = Jeremia/Jirmejahu
JK = Jüdischer Krieg des Joßef bän-Mattitjahu
Jos = Josephus/Joßef bän-Mattitjahu
1Kor = 1. Korinterbrief
2Kor = 2. Korintherbrief
Lev = Leviticus/Wajjiqra/3. Mosche
Lk = Lukas-Evangelium
Mk = Markus-Evangelium
Mt = Matthäus-Evangelium
nJ = nach Jehoschua/nach Christi Geburt/n.d. Zeitwende
NT = Neues Testament
Num = Numeri/Bemirbar/4. Mosche
par = vergleiche Parallelstelle/ parr = vgl. Parallelstellen
Q = Logienquelle
1Q-11Q = Schriften aus 11 Höhlen von Qumran
Röm = Brief an die Römer

Tenach=Bibel der Juden, weniger Bücher als AT
1Thes = 1. Thessalonicherbrief
Th-Ev = sogenanntes Thomas-Ev=Spruchsammlung
ua = unter anderem
vJ = vor Jehoschua/vor Christi Geburt/v.d. Zeitwende
zB = zum Beispiel
zT = zum Teil